Wim Dohrenbusch
Reportage Kenia

Wim Dohrenbusch

Reportage Kenia

Einmal Nairobi und retour

Picus Verlag Wien

Grafische Gestaltung: Dorothea Löcker, Wien
Umschlagabbildung: © www.buenosdias.at/Prisma
Druck und Verarbeitung: Remaprint, Wien
ISBN 978-3-85452-987-3

Informationen über das aktuelle Programm
des Picus Verlags und Veranstaltungen unter
www.picus.at

Inhalt

Vorwort

Die »Phoenix Players« haben vor ein paar Jahren eine hochriskante Auswahl getroffen. Das älteste kenianische Theaterensemble brachte Carl Zuckmayers Stück »Der Hauptmann von Köpenick« in Nairobi auf die Bühne. Das kann nur schiefgehen, war mein erster Gedanke.

Doch nach der Premiere war ich eines Besseren belehrt. Die »Phoenix Players« interpretierten den Stoff so, als hätte Zuckmayer die hundert Jahre alte wilhelminisch-preußische Geschichte für das heutige Kenia geschrieben. Der Schuster Friedrich Wilhelm Voigt, der als Hochstapler in seiner falschen Hauptmanns-Uniform die überkorrekten Behörden überlistet, ist auf Kenianisch der Schuhputzer Mbogwa.

Mbogwa braucht einen Pass, um eine Arbeit zu bekommen, doch das Dokument wird ihm verweigert, weil er arbeitslos ist. Dann stiehlt der Schuhputzer eine Armee-Uniform … Hauptdarsteller Elija Kahara erzählte mir begeistert, dass das Stück durch und durch kenianisch sei, und sein Mbogwa ein echter Typ von den Straßen Nairobis: »Ein armer Schlucker, aber auch ein Schlitzohr, das seinen Spaß haben will. Wenn du hier was erreichen willst, dann musst du großkotzig auftreten. Stehst du oben, kannst du alles machen.«

Anders als im Original überlistet »The Captain of Kopenik« den korrupten kenianischen Beamtenapparat. Der Hochstapler geht nicht ins Gefängnis, sondern macht Karriere und wirft zum Finale Bündel mit Geldscheinen von der Bühne ins jubelnde Publikum.

Etwa zur gleichen Zeit hatte Kenias Präsident Mwai Kibaki einen Auftritt in New York, wo er während des Welt-Armutsgipfels der Vereinten Nationen mehr Geld für die Entwicklung des Landes forderte. Mit seiner vierundneunzigköpfigen Entourage war er im »Waldorf Astoria« abgestiegen.

Die Kenianer lieben die große Geste. Das Leben ist Theater, und hinter der nächsten Ecke beginnt ein neues Stück. Wie oft habe ich mich gefragt, was ist echt, was inszeniert, und welche Rolle spiele ich in dem Stück?

Bei meinem ersten Besuch in Kenia 1983 habe ich gelernt, dass Steine werfende Maasai keine Bürgerinitiative oder Protestbewegung sind. Die stolzen Krieger haben auf kraftstrotzende Autos gezielt, die während der Safari-Rallye durchs Maasai-Land bretterten. Jeder Treffer war ein großes Happening. Warum auch nicht, wenn schon die Löwenjagd verboten ist. Später dauerte es eine Weile, bis ich mein Unbehagen darüber ablegte, dass wir in Nairobi Hauspersonal hatten (der weiße Bwana, Ausbeuter, Sklavenhalter ...). Dann folgte Erstaunen und Erleichterung darüber, dass »unsere Florence« zu Hause im Kangemi-Slum selbst eine »Housemaid« angestellt hat. Ganz normal.

Secondhand-Kleidung aus Übersee oder Handys sind vielleicht für europäische Gutmenschen eine verabscheuenswürdige Kulturschande. Kenianern bieten sie eine Chance, halbwegs auf Augenhöhe dabei zu sein. Und langsam setzt sich die Erkenntnis durch, dass Entwicklungshilfe in fast fünfzig Jahren Unabhängigkeit nicht unbedingt ein Segen war, sondern auch ein Fluch. »Ihr habt uns mit eurer Hilfe erst zu Bettlern gemacht«, sagen kritische Kenianer wie der Wirtschaftsexperte James Shikwati oder die Friedensnobelpreisträgerin Wangari Maathai.

Wie tickt das Land, wie ticken die Leute? Arm – reich, gut – böse, schwarz – weiß. All diese Gegensätze leben die Menschen mit scheinbar charmanter Leichtigkeit. Manchmal habe ich geglaubt, es verstanden zu haben, nur um mich einmal mehr als Statist im Theater des Alltags wiederzufinden. Mehr Fragen als Antworten. Also schließe ich mich den Kenianern an, wenn sie sagen: »Hakuna matata.« Kein Problem.

Tore, Punkte, Müllabfuhr

Ein Straßenfußball-Projekt in Mathare Valley bietet Sport und Lebenshilfe für siebzehntausend Slumkinder

Samstagmittag auf einem staubigen Bolzplatz am Rand von Mathare Valley. Rund fünfzig Jungen haben sich hier versammelt. Einige kicken eine verbeulte Konservendose über das Gelände, andere holen Schubkarren aus einem Verschlag und verteilen Schaufeln, Harken und Besen. In einer der Karren stapeln sich in Plastiktüten gezogene Baumsetzlinge, dazwischen eine Gießkanne. David, ein älterer Jugendlicher, kommt hinzu, sorgt mit einem kurzen Pfiff in eine Trillerpfeife für Ruhe und teilt die Jungen in kleine Gruppen ein: zum Müllsammeln.

Lärmend ziehen die Burschen los und verschwinden in den engen Gassen des riesigen Slumviertels. Bei der etwas seltsamen Putzkolonne handelt es sich um Straßenfußballer, die, wie jeden Samstag, zum Gemeinschaftsdienst antreten.

Ein Torwart als Straßenfeger, ein Mittelstürmer, der Bäume pflanzt, junge Fußballer, die mit Begeisterung versuchen, eines der größten Elendsviertel von Nairobi sauber zu halten und zu verschönern? »Ja, so ist das bei uns. Wer hier in der Liga spielt, hat auch andere Aufgaben zu erledigen«, lacht Peter Karanja, Manager und einer der Gründer der Mathare Youth Sports Association, kurz MYSA. Das haben sie so in den Spielregeln festgelegt: »Für ein gewonnenes Fußballspiel bekommst du natürlich drei Punkte. Aber jede unserer Mannschaften, die sich an den

Gemeinschaftsarbeiten beteiligt, erhält dafür sechs Punkte. Es kann also kein Team mit Fußballspielen allein an die Tabellenspitze kommen und die Meisterschaft gewinnen. Und so wecken wir auch das Verantwortungsbewusstsein bei den Jugendlichen.«

In den späten achtziger Jahren haben ein paar fußballverrückte Idealisten MYSA gegründet. Den Anstoß gab der Kanadier Bob Munro, den es als Mitarbeiter von UNEP, dem Umweltprogramm der Vereinten Nationen, nach Nairobi verschlagen hatte. Im Mathare-Tal traf er Kinder, die mit ihren aus Plastiktüten und Bindfäden selbst gebastelten Fußbällen zwischen Kot, alten Autoreifen und Glasscherben dribbelten. »Ich habe ihnen einen Deal vorgeschlagen. Ihr macht den Platz sauber und ich kaufe euch einen richtigen Ball«, erinnert sich Munro. So einfach wie wirkungsvoll.

Mit immerhin zwanzig Mannschaften sind sie damals gestartet, heute spielen in den trostlosen Hüttensiedlungen aus Holz und Wellblech achtzehntausend Jungen und Mädchen in mehr als tausend Teams um Meisterschaften und Pokale. MYSA, die Jugendsport-Bewegung aus dem Mathare-Slum, ist wahrscheinlich der ungewöhnlichste Fußballverein der Welt und eines der erfolgreichsten Entwicklungsprojekte in Afrika. Zwar gibt es internationale Kontakte, Trainerlehrgänge in Holland oder Schüleraustauschprogramme mit skandinavischen Ländern, aber das Erfolgsrezept vom MYSA ist Bodenständigkeit und Eigenverantwortung. Keine ausländischen Entwicklungshelfer, Sozialarbeiter oder sonstige Besserwisser aus Europa mischen sich ein. MYSA ist eine rein kenianische Angelegenheit. Nur Bob Munro, der inzwischen pensionierte und in Kenia sesshaft gewordene Kanadier, begleitet sein erwachsen gewordenes Baby als »Graue Eminenz« im Hintergrund.

Die Krönung ihrer sportlichen Erfolge erlebten die Straßenkicker 2006 während der Fußball-Weltmeisterschaft in Deutschland. Da haben es die Jungen und Mädchen aus Kenia allen gezeigt. Parallel zum Turnier der »Großen« gewann Mathare in Berlin mit einer gemischten Mannschaft das »Streetfootball World Festival«, die Weltmeisterschaft der Straßenfußballer. »Im Finale haben wir Brasilien geschlagen, und ich habe ein Tor vorgelegt«, schwärmt Doreen Nabwire. Für die Zweiundzwanzigjährige mit dem harten Schuss war das der vorläufige Höhepunkt einer Art Bilderbuchkarriere.

Geboren und aufgewachsen mit fünf Geschwistern im Slum im Osten Nairobis, hat auch Doreen ihre ersten Fußbälle noch aus Lumpen und Schnüren selbst gebastelt. MYSA war wenig später das Sprungbrett in die kenianische Frauen-Nationalmannschaft. Ihr Traum von einer Profikarriere in Kenia platzte jedoch während der bürgerkriegsähnlichen Unruhen Anfang 2008. »Es war ja immer schwierig mit der Korruption und Betrügereien im kenianischen Fußballverband«, sagt Doreen. »Aber seit dem politischen Chaos gibt es keine Frauenliga mehr, und auch die Nationalmannschaft hat sich aufgelöst.« Doch dann kam irgendwie eins zum anderen.

In Berlin während der WM hatte sie Willi Lemke die Hand geschüttelt. Ein wichtiger Mann: ehemaliger Bildungssenator von Bremen und Aufsichtsratsvorsitzender des Fußball-Bundesligisten Werder. Während einer UN-Konferenz für Sport und Entwicklung in Nairobi trafen sich beide ein Jahr später wieder und hatten einiges zu besprechen. Jetzt spielt Doreen Nabwire, zumindest für eine Saison, mit Werder Bremen in der zweiten Frauen-Bundesliga und verstärkt als Praktikantin in der Vereinsgeschäftsstelle die Abteilung für Sozialmanagement. Im MYSA-Jugendheim in Mathare-Valley hängt inzwischen ein Poster der Kenianerin im grün-weißen Bremer Trikot. Die Tageszeitung *Daily Nation* hat es ganzseitig im Sportteil abgedruckt.

Doreen befindet sich in bester Gesellschaft. In einer Reihe an der Pinnwand mit den Fotos von Dennis Oliech und McDonald Mariga, zwei weiteren Slumkickern, die es geschafft haben. Der eine spielt beim französischen Erstligisten AJ Auxerre, und der andere ist gerade vom FC Parma zu Inter Mailand in die italienische Serie A gewechselt. Talente wie Doreen, Dennis oder McDonald hat die Straßenkickerbewegung dutzendweise herausgebracht. Was lag also näher, als eine eigene Senioren-Profimannschaft ins Leben zu rufen: Mathare United. Mitte der Neunzigerjahre gegründet, ist der Club längst eine feste Größe im kenianischen Fußball. Zweimal wurde Mathare Pokalsieger und einmal Landesmeister der »Kenya Premier League«.

In den Vereinsfarben Grün-Gelb gestrichen, bildet das MYSA-Jugendheim, ein altes Gemäuer aus Kolonialzeiten, eine Art Leuchtturm der Hoffnung für eine knappe Million Menschen, die in Mathare Valley unter erbärmlichen Bedingungen leben. Hier gibt es Trommelkurse, Aids-Aufklärung, Schwangerschaftsberatung, Computertraining, eine Foto-AG und eine Theatergruppe, jugendliche Strafgefangene werden betreut – MYSA macht's möglich. »Ausgangspunkt für alle ist Fußball«, sagt Peter Karanja. »Aber wir geben den Kindern nicht zuletzt die Möglichkeit, auch andere Ideen und Talente zu entwickeln.«

Winnie Nyambura zum Beispiel. Sie spielt nicht nur in einer der zweihundertfünfzig Mädchenmannschaften und ist glühende Verehrerin von Doreen Nabwire, sondern sie ist auch die Stütze der Theatergruppe. Im aktuellen Stück, das die Jugendlichen selbst geschrieben haben, geht es um Sexualaufklärung. Winnie spielt die Rolle eines jungen Mädchens, das schwanger geworden ist und sich mit Aids infiziert hat. So kann die Vierzehnjährige auf der Bühne auch ihre persönlichen Erfahrungen verarbeiten: »Meine Tante ist in diesem Jahr an Aids gestorben. Hier in Mathare Valley gibt es so viele Leute, die an dieser Krankheit leiden.«

Nebenan reagiert sich Saidi Abdhallah an seinen Trommeln ab. MYSA sollte eigentlich auch für den Fünfzehnjährigen das Sprungbrett für eine Profikarriere sein, aber der Ball steht für ihn längst nicht mehr im Mittelpunkt. Der Rechtsaußen verfolgt inzwischen ein anderes Ziel: »Fußball ist okay, aber ich will doch lieber Schlagzeuger werden«, sagt der nass geschwitzte Saidi. »Das Trommeln und die Musik machen mir einfach mehr Spaß.«

In der kleinen Bücherei hocken Jungen und Mädchen lesend und plaudernd mit einem jungen Mann auf dem Fußboden. Es ist Arnold Origi, Torwart der kenianischen Fußballnationalelf. Ohne MYSA sähe auch sein Leben heute vermutlich anders aus. »Ich habe schon als kleiner Junge Drogen genommen, ich habe Klebstoff geschnüffelt, um den Hunger zu betäuben, habe gestohlen, um mich irgendwie durchzuschlagen«, erzählt Arnold. Mit elf Jahren hat er sich dann aber einer der Mannschaften angeschlossen und sich geschworen, »nur noch Fußball, und nichts anderes mehr«.

Der Torwart als Vorleser? Auch das gehört zur

Philosophie von MYSA, erklärt Peter Karanja: »Alle Spieler aus dem Profiteam haben von uns eine Ausbildung in Jugendarbeit bekommen. Alle haben hier eine Aufgabe übernommen und engagieren sich regelmäßig. Sie sind die großen Vorbilder der Kinder. Und wenn die Profis ihnen von den Gefahren von Aids erzählen, dann hat das mehr Gewicht, als würden Ärzte oder Sozialarbeiter kluge Vorträge halten.« Vierzig Sozialstunden leistet jeder Spieler der ersten Mannschaft im Monat ab.

Arnold Origi ist nicht das schlechteste Vorbild. Der Star aus dem Slum studiert Journalismus und will Sportreporter werden. Aber erst mal träumt auch er von einem Vertrag bei einem europäischen Spitzenclub: »Bester Torwart Afrikas werden und dann in die englische Premier League oder die deutsche Bundesliga zu wechseln, das ist mein Ziel.« Arnold ist inzwischen der zehnte Nationalspieler, der aus der Talentschmiede im Mathare Valley kommt.

»Mindestens genauso stolz ist MYSA aber auch auf rund sechzig andere Mädchen und Jungen, die heute an die Universität gehen und studieren«, sagt Peter Karanja. »Das haben wir geschafft, und deshalb sind die Leute aus Mathare auch so stolz auf uns.« Etwas anderes hätte der quirlige Sozialarbeiter beinahe vergessen: Der verrückteste Fußballverein der Welt wurde schon zweimal für den Friedensnobelpreis nominiert.

Mord in der Blumenstadt

Nach den gefälschten Wahlen 2007 stand das afrikanische Musterland am Rand des Abgrunds, aber die Ursachen der blutigen Unruhen sind noch nicht beseitigt

Keine dreißig Kilometer hinter Nairobi, noch vor der Kreuzung hoch nach Limuru und der steilen Abfahrt ins Rift Valley, scheint die Reise beendet zu sein. Felsbrocken und brennende Autoreifen blockieren die beiden Fahrspuren in Richtung Westen. Etwa hundert junge Männer nähern sich unserem Geländewagen. Als sich einer von ihnen theatralisch schreiend vor dem Kühlergrill auf den Asphalt wirft, scheint das das Zeichen zum Angriff zu sein. Knüppel, Steine und Buschmesser prasseln auf Blech und Glas nieder.

Irgendwie gelingt es einem der Männer, die Meute aufzuhalten. Sie hätten unser Presseschild nicht gleich erkannt, ruft er, fordert uns auf, die Seitenscheiben herunterzukurbeln, und fragt, ob wir wirklich Journalisten seien. Am Steuer sitzt mein kenianischer Kollege Fanuel Adoli, ich halte zum Beweis Kassettenrekorder und Mikrofon in die Höhe. Auf der einen Seite entwickelt sich ein Gespräch in Kiswahili, auf der anderen in Englisch. Uns müsse er ja wohl nicht erklären, was los sei, sagt der Anführer. Sie seien Kikuyu und machten Jagd auf Luo.

Die Luo wollten die Macht im Land übernehmen, aber das werde man mit allen Mitteln verhindern. Allerdings bräuchten sie dazu mehr Buschmesser.

Wir mögen bitte Verständnis haben und die Belästigung entschuldigen, erklärt der Mann freundlich und fragt, ob wir mit einem kleinen Unkostenbeitrag ihren Kampf unterstützen könnten. Nachdem wir ein paar Scheine hinausgereicht haben, räumen die Leute die Hindernisse aus dem Weg. Der Anführer steigt auf das Trittbrett, leitet uns – die rechte Hand an der Dachreling, in der linken sein Buschmesser – wie der Lenker eines römischen Streitwagens durch die Gasse und wünscht uns eine gute Weiterfahrt.

Fanuels Gesicht ist grau geworden. Wir sind auf dem Weg nach Naivasha, wo vor zwei Tagen Kikuyus mehrere Dutzend Luos aus Bussen gezerrt und mit Buschmessern in Stücke gehackt haben. Fanuel ist Luo.

Eine Stunde später in Naivasha. Die Stadt ist ruhig. Ein leichter Wind weht durch den Innenhof des Gebäudes in einer Seitenstraße. Wellblech schlägt gegen eine verkohlte Mauer, geschmolzene Glassplitter hängen in Tropfen am Fensterrahmen, feine Asche wirbelt durch ein Eckzimmer. Zehn Frauen und Kinder sind hier am Wochenende bei lebendigem Leib verbrannt. Ein untersetzter Mann zieht ein metallenes Bettgestell aus dem Haus. »Als die Kämpfe begannen, sind sie in dieses Zimmer gerannt und haben sich verbarrikadiert«, sagt Kamau Ndegwa. »Aber es waren die Luo selbst, die das Feuer versehentlich entzündet haben. Wir haben nichts damit zu tun. Es war ein Unfall.«

Samson Mulima hat bis zu dem Überfall im Nachbarhaus gewohnt. »Sie haben das Hoftor aufgebrochen und die Mauern eingerissen«, versichert er. »Dann haben sie die Menschen von außen eingesperrt, alles mit Benzin übergossen und das Haus in Brand gesteckt.« »Sie«, das sind die Kikuyu, die Bevölkerungsmehrheit in Naivasa. Samson Mulima gehört zur Minderheit der Luhya. Seit seiner Flucht hockt er kaum zwei Kilometer entfernt auf dem Gelände der Polizeistation.

Siebentausend Menschen haben hier Zuflucht gefunden. Männer, Frauen und Kinder, zusammengepfercht wie Schlachtvieh. Über der Blumenstadt Naivasha und dem gleichnamigen See mit Millionen Flamingos kreisen Hubschrauber der Luftwaffe. »Es ist schrecklich«, sagt Evelyn Nekesa, die mit vier Kindern auf dem Polizeihof campiert. »Wir haben kein Wasser, nichts zu Essen und kein Dach über dem Kopf. Und selbst hier wären wir gestern beinahe überfallen worden.«

Es sind Luo, Kalenjin und Luhya, Angehörige von Volksgruppen, die der Opposition zugerechnet werden. Draußen, jenseits des Stacheldrahtzauns, schlendern Kikuyu, zu denen auch der umstrittene Wahlsieger, Präsident Mwai Kibaki, gehört. Als das Gemetzel Naivasha erfasste und die Kikuyu Jagd auf ihre »Feinde« machten, da gab es für Dutzende keine Rettung mehr. Auf der Flucht habe er allein neununddreißig Leichen gezählt, sagt Samson Mulima: »So viele Männer sind verletzt und getötet worden. Manche wurden in Stücke gehackt und andere kastriert.«

Omondi Achola ist Luo. Er läuft unruhig über das Gelände, diskutiert, schnappt Neuigkeiten auf. Ein Tankwagen mit Trinkwasser soll unterwegs sein. »Wir haben zusammengearbeitet, wir waren Freunde, gute Nachbarn«, sagt Omondi. »Und dann so etwas. Ein Tag hat alles verändert.« Seit zwanzig Jahren wohnt der Dreiundvierzigjährige in Naivasha. Bis letzte Woche hat er auf einer der Blumenfarmen gearbeitet, aber jetzt will er nur noch »nach Hause«, ins Luo-Land. Vor einem Lieferwagen wird Fladenbrot verteilt, und endlich kommt auch ein Lastwagen vom Roten Kreuz auf das Gelände gefahren. »Jetzt haben wir ein paar mobile Toiletten und Waschkabinen«, sagt Grace, eine der Helferinnen. »Langsam läuft die Versorgung an.«

Direkt am Seeufer liegt die Ol Njorowa-Blumenfarm von Simon Harris. Achtzigtausend Rosen fliegt der weiße Kenianer normalerweise täglich nach Europa aus. Jetzt steht die Produktion still. Einige Mitarbeiter fanden mit ihren Familien Unterschlupf auf dem Farmgelände. »Auf Ol Njorowa haben Leute aus allen Volksgruppen gearbeitet«, sagt Simon. »Sie haben sich gegenseitig über ihre Stammestraditionen lustig gemacht, aber das Arbeitsklima war hervorragend.« 2008 sollte eigentlich ein Rekordjahr werden. Der Verband der kenianischen Blumenfarmer wollte die Exportmenge von hunderttausend Tonnen aus dem Vorjahr noch übertreffen. »Im europäischen Winter herrscht hier Hochbetrieb«, erklärt Simon Harris. »Acht von zehn Rosen kommen dann von hier. Aber jetzt geht nichts mehr. Und in zwei Wochen ist Valentinstag.«

In Nairobi, knapp hundert Kilometer entfernt, sitzen die Verhandlungsteams von Präsident Kibaki und seinem Rivalen Raila Odinga zusammen. Die politischen Führer rufen pathetisch zur Gewaltlosigkeit auf, hetzen ihre Anhänger und Milizen tatsächlich aber zu Mord und Totschlag auf. UN-Generalsekretär Ban Ki-Moon richtet Appelle an die Konfliktparteien und reist frustriert wieder ab: »Das kenianische Volk und die politischen Führer müssen endlich aufwachen. Die historischen Beispiele von Völkermord, Massensterben und Verwüstung dürften sich in Kenia nicht wiederholen.«

Auf halbem Weg zum Flughafen liegt das Ausflugslokal »Carnivore«. Im »Fleischfresser« gibt es für eine Flatrate von achtzehn Euro gegrilltes Rind, Huhn, Kamel oder Krokodil bis zum Abwinken.

Auf der Festwiese vor dem »Carnivore« tanzen und singen ein paar Tausend junge Leute in der untergehenden Sonne zu den Klängen von Jua Kali, dem bekanntesten kenianischen Rapper: »No more violence, one love, one people, let's give love a chance«. Hinter der Bühne hat sich alles versammelt, was in Kenia musikalisch Rang und Namen hat. Manche sitzen ernst und schweigend da, andere reißen Witze. Immer wieder fallen sie einander in die Arme, haben Tränen in den Augen und sprechen sich gegenseitig Mut zu. Und dann sind alle draußen, Hand in Hand auf der Bühne singen sie ihre Botschaft als Antwort auf das, was das Land in den vergangenen Tagen und Wochen erschüttert hat.

»Wakenya Pamoja« – »Kenia steht zusammen«, heißt das Friedenslied, mit dem die Musiker alle Volksgruppen und die Scharfmacher in der Politik auffordern, der Gewalt abzuschwören, erzählt die Sängerin Suzanna Owiyo: »Wir haben das Stück aufgenommen, weil wir als Künstler eine Verantwortung in der Gesellschaft haben. Wir wollen ein Zeichen des Friedens und der Hoffnung für alle Kenianer setzen.«

Hinter der Idee steht der Komponist und Produzent Robert Kamanzi. Auf dem Höhepunkt der Gewalt setzte er sich hin, schrieb das Lied und griff zum Telefon: »Die Reaktion war unglaublich. Im schlimmsten Chaos sind fünfzig Sänger und Musiker ins Studio gekommen, haben den Song aufgenommen und eine Antwort auf die Situation im Land gegeben.« Die blutigen Unruhen wecken bei

Robert schreckliche Erinnerungen. »Ich komme aus Burundi und bin vor dem Bürgerkrieg nach Ruanda geflüchtet«, erzählt Robert. »Dort habe ich den Völkermord erlebt und bin schließlich in Kenia gelandet. Nun zerreißt es mir das Herz, das hier zu erleben.«

Auch Eric Wainaina, der Star der kenianischen Musikszene, gehört zu den »Musikern für den Frieden«. Sein Lied »Daima« hat sich bei den kenianischen Radiosendern zur Hymne der Solidarität entwickelt. Wenn das Rote Kreuz zu Spenden aufruft oder die Supermarktkette Nakumatt Container für Hilfsgüter aufstellt, dann geht »Daima« über den Äther. Der stets fröhliche Mädchenschwarm hat sein Lachen verloren. »Wir haben geglaubt, dass Stammeskonflikte der Vergangenheit angehören«, sagt der Mann mit den Rastazöpfen. »In den Städten haben Kikuyu, Luo oder Kalenjin friedlich Tür an Tür gelebt.« Eric Wainaina fühlt sich von Kibaki und dem Oppositionsführer Raila Odinga verraten. Fünf Jahre zuvor hatte er die heutigen Rivalen öffentlich unterstützt: »Damals waren wir so begeistert. Wir haben an ein neues Kenia geglaubt, an ein Kenia ohne Korruption, das die sozialen Gegensätze beseitigt. Aber jetzt ist alles gescheitert.«

Postkartenidylle. Unberührte Natur unter der Äquatorsonne, einsame Palmenstrände. Die Sehnsucht jedes Keniaurlaubers hat sich für Harald Kampa zum Albtraum entwickelt. »Normalerweise haben wir im Januar und Februar eine Belegung von etwa achtzig Prozent«, sagt der deutsche Hotelier. »Im Augenblick liegen wir nicht einmal bei zwanzig Prozent.« Zwischen Weihnachten und Ostern ist die beste Reisezeit in Kenia. Von Hochsaison kann jedoch keine Rede sein. Nicht ein Surfer auf dem Wasser, keine Spaziergänger am Strand, Beachboys haben sich aus dem Staub gemacht. Und auch in Kampas beiden Hotelanlagen in Diani Beach an der kenianischen Südküste herrscht gähnende Leere. Von sechshundertsechzig Betten sind kaum hundertzwanzig belegt, klagt er. »Wir haben täglich Umsatzeinbußen von zehntausend Euro.«

Innerhalb von Tagen haben die Unruhen Kenias wichtigsten Wirtschaftszweig an den Rand des Ruins getrieben, sagt die Vorsitzende des Tourismusverbands, Tasneem Adamji. Wenn das Telefon klingelt oder neue E-Mails ankommen, dann handelt es sich dabei nur noch um Absagen. »Niemand geht mehr auf Safari, mehr als ein Dutzend Hotels sind bereits geschlossen.« Die Charterflieger aus Europa, die überhaupt noch in Mombasa landen, sind leer. Sie kommen, um Urlauber herauszuholen.

Den Exodus verfolgt Omar Boga mit Ratlosigkeit. Er ist Chefbuchhalter in Harald Kampas Hotels und bei den Kommunalwahlen gerade für die Oppositionspartei in den Gemeinderat von Diani gewählt worden. Von den Politikern in Nairobi fordert er Kompromissbereitschaft, die Tourismusbranche bittet er um Geduld. »Eine Lösung gibt es nur, wenn sich Odinga und Kibaki an einen Tisch setzen. Das ist die einzige Chance, dass wir zum friedlichen Miteinander zurückkehren können.« Er hofft gleichzeitig, dass die Hotelmanager Augenmaß beim Personalabbau bewahren.

Sein Chef musste gerade die ersten fünfundfünfzig von vierhundertdreißig Mitarbeitern entlassen. Das Heer der Tagelöhner erwischte es zuerst, Saisonkräfte wurden mit Abfindungen nach Hause geschickt. Aber selbst das feste Personal hat Angst. Der Tourismusverband rechnet mit dem Schlimmsten.

»Im Januar müssen wir von zwanzigtausend Entlassungen ausgehen«, sagt Tasneem Adamji. »Bis März könnten in den Hotels, im Handel und Dienstleistungsbereich insgesamt hundertzwanzigtausend Arbeitsplätze verloren gehen.« Alle an der Küste spüren den Absturz: In den Nachtclubs gehen die Lichter aus, Taxifahrer drehen Däumchen, Bäckereien machen Kurzarbeit, und die Küstenfischer haben die Segel gestrichen. Am Strand von Diani sitzt »Mister Key« vor seinem kleinen Souvenirladen und schaut aufs Meer. Als würden von dort heute ein paar Kunden kommen. »Ich verkaufe nichts mehr, das Geschäft ist tot«, sagt der kleine Mann mit der Strickmütze, der für seine aus Ebenholz geschnitzten Schlüsselanhänger berühmt ist. »Ohne die Touristen können wir einpacken.«

Im Palmengarten von Harald Kampas Diani Sea Ressort sitzt eine Gruppe deutscher Touristen bei Bier und Fruchtpunsch und diskutiert die aktuelle Lage. Von den Horrormeldungen hätten sie sich nicht abschrecken lassen, sagt Stammgast Ingeborg Lamprecht trotzig: »Wir können doch nicht alle wegbleiben. Das geht doch nicht. Der Harry ist dann los, eine Woche vor uns, und hat dann gleich angerufen, ›alles bestens‹, sagt er, und da haben wir gesagt, ›okay wir kommen‹.« Für Harry Sponen, der die Lage ausgekundschaftet hat, ist Kenia fast ein zweites Zuhause geworden. »Uns stehen auch die Tränen in den Augen, wenn wieder ein Kellner entlassen wird, weil eben keine Arbeit mehr da ist. Man kennt sich gut, wir kommen seit fünfzehn Jahren hierher.«

Erika Malzburg und ihr Mann Günter sind seit sechs Wochen im Hotel, haben keine Sekunde an Abreise gedacht und von den Unruhen praktisch nichts mitbekommen. »Als das Einkaufszentrum abgebrannt ist, da haben wir wohl den Feuerschein gesehen. Sonst ist uns nichts passiert«, sagt die ältere Dame. »Aber wir dürfen gar nicht an die Einheimischen denken.« Fast klingt es so, als betrachteten die Deutschen ihren Urlaub als Hilfsaktionen für das krisengeschüttelte Kenia.

Wenn die Reiseanbieter ihre Sommerkataloge drucken, dann dürfte Kenia darin kaum noch auftauchen. »Ich hoffe auf die Deutschen, die Schweizer und die Österreicher«, sagt Verbandschefin Tasneem Adamji. »Sie gehen mit uns durch dick und dünn.« Hotelier Harald Kampa richtet sich auf eine lange Durststrecke ein, Aufgeben kommt aber nicht in Frage.

Auch wenn draußen das Chaos tobt, in seinem Hotel herrscht Ordnung: Schon vor dem Frühstück haben die wenigen Gäste die Pool-Liegen mit ihren Handtüchern reserviert.

Am 28. Februar 2008, zwei Monate nach den gefälschten Präsidentschaftswahlen und dem Ausbruch der bürgerkriegsähnlichen Unruhen, verständigten sich die Konfliktparteien auf einen Kompromiss: Mwai Kibaki bleibt Präsident, Raila Odinga bekommt den neuen Posten des Premierministers. Die Rivalen bilden eine Große Koalition mit zweiundvierzig Ministern. Der Preis: tausenddreihundert Tote und fast eine halbe Million Flüchtlinge im eigenen Land.

Der ehemalige UN-Generalsekretär Kofi Annan hat die Vereinbarung ausgehandelt. »Wir sind noch nicht am Ziel, sondern stehen erst am Beginn einer langen Reise«, warnte er die Kenianer davor, die Ursachen des Konflikts unter den Teppich zu kehren. Der Rhetorik der Regieren-

den sind bisher keine Taten gefolgt. Die Verantwortlichen für das Blutvergießen wurden nicht zur Rechenschaft gezogen, es gibt noch keine Landreform, und eine neue Verfassung ist ebenfalls nicht in Sicht. Die Zeit läuft: 2012 sollen in Kenia die nächsten Parlaments- und Präsidentschaftswahlen stattfinden.

Der Gefährliche vom Viktoriasee

Der neunundachtzigjährige Akuku Danger hat in seinem Leben hundertdreißig Frauen geheiratet und gilt als Rekordhalter in Sachen Polygamie

So muss Mensch gewordene Selbstzufriedenheit aussehen: Der Mann sitzt entspannt und wachsam zugleich in seinem Schaukelstuhl unter dem Vordach seines Gemischtwarenladens in Aora Chuodo, einem Straßendorf kurz vor Homa Bay am Viktoriasee, und blinzelt mit halb geschlossenen Augen in die Nachmittagssonne. Eine respektable Erscheinung in hellbraunen Wildlederschuhen, Khaki-Shorts und Kniestrümpfen, einem sandfarbenen Hemd mit dunkelblauer Krawatte und einem breitkrempigen Strohhut. Ein Meter neunzig Autorität und Lebenskraft – und das mit neunundachtzig Jahren. Ancentus Akuku Oguela ist einer der berühmtesten Männer Kenias.

Unter seinem vollständigen Familiennamen kennt ihn kaum jemand, aber alle wissen wer »Akuku Danger« ist: Der Mann mit den hundertdreißig Ehefrauen! Dass ihn tatsächlich jemand fragt, wie er an diesen Namen gekommen ist, fasst der Patron der Polygamie beinahe als Beleidigung auf. »Die Leute hier in den Dörfern haben Angst gehabt, weil die Mädchen mir regelrecht hinterhergelaufen sind. Ich konnte jede haben«, erzählt er huldvoll schmunzelnd. »Immer hieß es: ›Achtung, da kommt der Mann mit den zehn Frauen‹, später mit fünfzehn, dann mit zwanzig, und so weiter. Wenn ich irgendwo aufgetaucht bin, dann drohte Gefahr.« *Dangerous man is coming.*

Seine erste Frau, Dinah, hat er 1939 geheiratet. Auma, die letzte, erst vor neun Jahren. »Heute bin ich noch mit neunundzwanzig Frauen zusammen, von fünfundachtzig habe ich mich im Lauf des Lebens getrennt, sechzehn sind gestorben«, zählt Akuku Danger auf. Mit allen zusammen hat er hundertfünfundachtzig Mädchen und dreihundert Jungen bekommen. Das weiß er genau. Die Zahl seiner Enkel schätzt er dagegen grob auf »zwei- bis dreitausend«. In seiner großen Familie sei alles vertreten, was man sich vorstellen kann, Ärzte und Rechtsanwälte, Polizisten und Handwerker, Geschäftsleute, Politiker und Gangster. »So ist das Leben«, sagt er. »Der eine sitzt im Ministerium, der andere im Gefängnis.«

Seine stattliche Erscheinung und seine ausgeprägte Geschäftstüchtigkeit haben Akuku Danger zu einem der angesehensten Männer in der gesamten Nyanza-Provinz am Viktoriasee gemacht. Rechnen und Schreiben lernte er, ohne je eine Schule von innen zu sehen. Dann ging er bei einem Schneider in die Lehre und eröffnete wenig später seine eigene Werkstatt. »Hier in diesem Laden hat alles angefangen«, erzählt Akuku stolz. Die Keimzelle seines Erfolgs. Von Aora Chuodo aus baute er eine Kette von Schneidereien und Textilgeschäften auf, mit klug kalkulierten Eheschließungen ein Netzwerk von gesellschaftlichem Einfluss.

»Du darfst nicht geizig sein, wenn du die Frauen beeindrucken willst«, lautet eines seiner Erfolgsrezepte. »So habe ich jede bekommen, die ich haben wollte.« Ein gewisser Wohlstand war nötig für seine Heiratspolitik, aber mindestens genauso war die wachsende Zahl der Ehefrauen die Basis für Macht und Reichtum. Heute kontrolliert Akuku Danger mit mehreren seiner Söhne ein Imperium von Einzelhandels-, Taxi- und Transportunternehmen.

In Sachen Polygamie ist der breitschultrige Hüne zwar einsamer Rekordhalter in Kenia, aber alles andere als eine Ausnahme. Jeder zweite Mann im Land hat mehrere Frauen. Nach staatlichem kenianischen Recht ist die Polygamie in der ehemaligen britischen Kolonie verboten, in den jeweiligen Stammesgesetzen fast aller der vierzig Volksgruppen aber bis heute fest verankert. Die Zeitungen berichten genüsslich über die Streitigkeiten und Eifersüchteleien zwischen Lucy Kibaki und Mary Wambui Kibaki, den beiden Präsidenten-Gattinnen, der First Lady und der Second Lady. Derzeit hat Lucy die Nase vorn, Mary Wambui sitzt bei offiziellen Anlässen – wenn überhaupt – nur noch in der zweiten Reihe.

Kein Wunder, dass die kenianische Regierung mit dem Gedanken spielt, die »Vielehe« wieder zu legalisieren. Der Entwurf eines neuen Ehe- und Familienrechts sorgt für hitzige Debatten. Für den Parlamentsabgeordneten Cyrus Jirongo, der selbst drei Frauen hat, entspricht das Gesetz afrikanischen Traditionen und schafft klare Verhältnisse: »Ich habe lieber drei Frauen zu Hause, statt mich Abend für Abend mit den Frauen anderer Männer zu vergnügen.« Die Polygamie mache aus ihm einen »besseren Ehemann und Vater«.

Das Thema beherrscht die Leserbrief-Seiten der Tageszeitungen und Anruf-Sendungen der Radiostationen. »Wenn ich eine Frau heirate, dann gehört sie zu meinem Haushalt. Ist sie dagegen meine heimliche Geliebte, könnte sie ja noch mit anderen Liebhabern zusammen sein«, meint George Otieno, ein Geschäftsmann in Nairobi. Dagegen schimpft die Büroangestellte Gladys Koigi: »Nur Männern wird das Recht auf mehrere Partnerinnen zugestanden, aber eine Frau darf nicht mit mehreren Männern verheiratet sein.« Erstfrauen haben Angst um das Erbe ihrer Kinder, Zweitfrauen klagen über Gehässigkeiten der Schwiegereltern. Von denen würden sie als »Goldgräberinnen« diffamiert, die es nur auf das Familienvermögen abgesehen hätten.

Auf dem Land scheint jedoch eine Mehrheit der kenianischen Frauen die öffentlich praktizierte Polygamie völlig in Ordnung zu finden. So lässt sich die Haus- und Feldarbeit auf mehrere Schultern verteilen. Und letztlich ist es so doch viel ehrlicher, sagt Rebecca Mutula: »Eigentlich gibt es kaum einen Unterschied zwischen unseren Männern und denen in Europa. Die haben ihre Frauen nicht nebeneinander, sondern hintereinander. Scheidung, und die Nächste bitte.«

Akuku Danger will sich an dieser Diskussion nicht beteiligen, er hält sich an die Tradition. Nur widerwillig ist er bereit, seine jüngste Frau Auma vorzustellen. Die Achtundzwanzigjährige hockt hinter dem Haus zwischen Ziegen und Hühnern auf einem Holzschemel und putzt Gemüse. »Wir kommen gut miteinander aus. Wirklich. Der Mann sorgt für uns, und wir Frauen respektieren uns untereinander«, sagt Auma, nachdem Akuku Danger ihr das Wort erteilt hat. Von Zank und Streit könne überhaupt keine Rede sein: »Allerdings ist mit Akuku nicht zu spaßen. Er achtet streng darauf, dass jede Frau ihre Arbeit macht.« Auma hat drei Kinder von ihrem Mann, sie hilft im Laden und lebt mit noch sechs Frauen auf einer kleinen Farm in der Nähe. Weitere Ehefrauen bewirtschaften Höfe in den Nachbarorten.

Nach einem präzisen Plan zieht Akuku Danger

über die Dörfer, um die große Familie zusammenzuhalten. Sein Mahagoni-Stock ist dabei eher Zepter als Gehhilfe. Aber damit nicht genug. In jeder Siedlung hat er Informanten, die ihn auf dem Laufenden halten, was bei seinen Frauen vor sich geht. »Ich weiß Bescheid über jeden Schritt, den sie machen. Tag und Nacht«, verrät der Patriarch. »Man darf sie nicht aus den Augen lassen. Und du musst streng sein wie ein Diktator.« Zum Beispiel seien die fünfundachtzig Frauen, von denen er sich getrennt hat, faul oder untreu gewesen. Ordnung muss sein: »In jedem Fall habe ich die Scheidung nach den traditionellen Gesetzen vollzogen. Ich bin zu ihren Eltern gegangen und habe den Brautpreis zurückgezahlt.«

Samuel Ouma, der einen Teil der familieneigenen Taxiflotte verwaltet, teilt die Leidenschaft seines Vaters anscheinend nicht. Der Neunundzwanzigjährige, der gerade auf dem Weg vom Nachbarort in die Bezirkshauptstadt beim Alten im Laden vorbeischaut, ist mit nur einer Frau verheiratet. »Diese ständige Eifersucht, das ist mir zu anstrengend. Bist du bei der einen, dann nörgelt die andere. Das brauche ich nicht.« Es sei einfacher, eine Herde Ziegen zu hüten, winkt der Sohn grinsend ab. »Aber man soll niemals nie sagen.«

Die christlichen Kirchen in Kenia leisten offiziell Widerstand gegen den Gesetzentwurf zur Legalisierung der Polygamie, im Alltag haben sie sich jedoch mit der »Vielweiberei« arrangiert. Es sei doch besser, mehrere Frauen zu versorgen, als sich scheiden zu lassen und die Familie zu verstoßen, sagen einige anglikanische oder katholische Priester. Akuku Danger selbst bezeichnet sich als strenggläubigen Katholiken: »Ich gehe sonntags regelmäßig in die Messe und habe den Pfarrer finanziell kräftig unterstützt, damit er eine neue Kirche bauen konnte.« Die benötigt der großzügige Spender praktisch für sich allein, um die große Familie wenigstens zum Gebet unter einem Dach zusammenzubringen. Der Priester hat dem Polygamisten im Gegenzug den kirchlichen Segen zur letzten Hochzeit nicht verweigert.

Ancentus Akuku Oguela, der »Gefährliche« vom Viktoriasee, blickt heute stolz auf sein Lebenswerk zurück. Das Geheimnis seines Erfolgs bringt er kurz und bündig auf den Punkt: »Ich bin ein perfekter Gentleman. Immer sauber, immer elegant und immer gute Manieren.« Sein hohes Alter, seine Gesundheit und die Manneskraft – das sei alles eine Frage gesunder Ernährung. Er trinkt viel Milch, meidet aber fetthaltiges Essen. Stattdessen kommt jeden Tag Gemüse und frisches Obst auf den Tisch.

»Ich fühle mich immer noch sehr stark«, sagt der Neunundachtzigjährige. An eine weitere Heirat ist aber nicht mehr zu denken, winkt er nicht ohne Bedauern ab: »Um ganz ehrlich zu sein, ich bin ausgetrocknet. Der Samen will nicht mehr fließen.«

Der Siegeszug der elektronischen Buschtrommeln

Die Verbreitung des Handys hat das Leben der Menschen erleichtert und einen Wirtschaftsboom ausgelöst

Der schlanke Maasai-Hirte steht in der endlosen Weite der kenianischen Savannenlandschaft. In ein Tuch gehüllt und auf seinen Speer gestützt, wacht er über seine Rinderherde. Was das Postkarten-Klischee ein wenig stört – mit seiner rechten Hand hält er ein Mobiltelefon an das mit Silberschmuck verzierte Ohr. Der Krieger des stolzen Nomadenvolks ist gerade im Gespräch mit seinem Broker in der Hauptstadt vertieft und fragt die Aktienkurse ab. Nach ein paar Minuten ist das Gespräch beendet, und der Mann lässt das kleine Wunderding in einem perlenbestickten Kunstlederfutteral verschwinden, das dekorativ um seinen Hals baumelt.

Um die Jahrtausendwende führte nur eine Handvoll Neureicher in Nairobi ihre klotzigen Statussymbole spazieren. Der Empfang, selbst von einem Häuserblock zum nächsten, war reine Glückssache. Heute sind Handys ein beinahe unverzichtbarer Gebrauchsgegenstand für jedermann und befinden sich auf einem rasanten Siegeszug durch ganz Afrika. »In Kenia gibt es nur knapp vierhunderttausend Festnetzleitungen, aber mittlerweile mehr als zehn Millionen Mobiltelefone mit Prepaid-Karten«, sagt Gerhard May, der ehemalige Chef von CelTel-Kenia. Der gebürtige Stuttgarter gehört zu den Handy-Pionieren in Afrika, hat sich gerade am Stadtrand von Nairobi eine Villa gebaut und sich mit fünfzig Jahren zur Ruhe gesetzt.

Ein großer Anteil am Erfolg des drahtlosen Telefonierens geht – unfreiwillig – auch auf das Konto der staatlichen kenianische Telefongesellschaft. Einen eigenen Haus- oder Büroanschluss zu bekommen kann immer noch Jahre dauern, ohne Schmiergeld geht gar nichts. Und alle Mühe nur, um anschließend die bekannteste Telefonstimme des Landes zu hören: »I'm sorry all the lines are busy, please try again later …« Bei jedem Regenschauer bricht das Leitungsnetz zusammen, Kupferkabel werden von Dieben ausgebuddelt oder von den Masten gestohlen. Ganze Wohnviertel sind oft wochenlang vom Festnetz abgeschnitten. Währenddessen haben die privaten Mobiltelefonbetreiber das ganze Land mit einem lückenlosen Netzwerk von Sendemasten überzogen. »Seit Einführung der Prepaid-Karten verzeichnet der Handymarkt Zuwachsraten von etwa fünfzig Prozent«, erklärt Gerhard May.

Für fünfzig Kenia-Schilling, also umgerechnet für einen halben Euro, kann Florence Keya ihr Handy aufladen. Damit telefoniert die Putzfrau aus dem Kangemi-Slum in Nairobi selbst nur in dringenden Fällen, ist aber immer und überall erreichbar. Neulich hat sich ihr Sohn Jamhuri bei einem Sportunfall in der Schule die Lippe durchgebissen. Die Lehrerin schickte eine SMS, Florence konnte ihren Mann anrufen, der den Jungen mit dem Taxi ins Krankenhaus brachte. »Früher hätte die Schule ihn wahrscheinlich selbst in irgendeine Klinik geschafft. Wir hätten vermutlich von nichts gewusst und ihn irgendwann als vermisst gemeldet«, sagt die Mutter von drei Kindern.

Ein besonderer Service ist sogar kostenlos: Das »Flashen«. »Du drückst Stern, 130, noch mal Stern, dann die entsprechende Nummer und Raute, und auf dem Handydisplay des anderen erscheint die Nachricht ›Bitte ruf mich an‹«, erklärt Fanuel Adoli, der ständig von irgendwelchen Leuten angeflasht wird. Einerseits ganz praktisch, sagt der Journalist, andererseits ein zunehmendes Ärgernis: »Alle denken, dass ich Geld genug habe. Die Familie, Freunde, aber auch Fremde flashen mich an. Und wenn ich dann zurückrufe, heißt es oft: ›Ach, ich wollte nur mal Hallo sagen.‹ So ein Unsinn.«

Auch wenn die ständige Erreichbarkeit einigen Leuten inzwischen etwas lästig wird, erleichtert das Handy das Leben unzähliger Menschen und hat einen kreativen Schub und wirtschaftlichen Boom in den Städten und auf dem Land ausgelöst. An Straßenlaternen, Bäumen und Häuserwänden in Nairobi bieten Kleinunternehmer ihre Dienste mit Handynummer an: von Gartenpflege, Parkettabschleifen, Maler- oder Rohrreinigungsservice bis zu Massagesalons – Anruf genügt. Ein Taxi nach Hause oder in ein Restaurant zu bestellen war vor ein paar Jahren noch völlig undenkbar. Heute ist jeder Fahrer mit mindestens einem Mobiltelefon unterwegs und ruft sogar seine Kunden zurück, falls er im Stau steckt.

»Ich habe als Tellerwäscher in einem Restaurant angefangen«, erzählt Wycliff Asiege. »Aber dann habe ich mir ein Handy gekauft und einen eigenen Partyservice gegründet.« Ohne sein kleines Telefon würde Wycliff mit seiner Familie noch in einer Lehm- und Bretterhütte im Slum leben. Heute nennt er ein Appartement mit Strom und Wasser sein Eigen, besitzt einen Lieferwagen und schickt seine Kinder auf eine Privatschule. Fischer vom Viktoriasee können mit verschiedenen Aufkäufern verhandeln, noch bevor sie mit ihrem Fang im Hafen einlaufen. Bauern am Mount Kenya rufen nach der Ernte die Tagespreise für Kaffee, Mais oder Kartoffeln ab, anstatt sich vom erstbesten Großhändler übers Ohr hauen lassen zu müssen.

Nicht zuletzt verdanken es die Kenianer dem Handy, dass 2003 die Schreckensherrschaft des Autokraten Daniel arap Moi nach vierundzwanzig Jahren ein Ende fand. Statt Stimmzettel verschwinden zu lassen und Listen zu manipulieren, mussten die Handlanger der Parteien staunend zuschauen, wie Wahlbeobachter und Journalisten die Ergebnisse per Telefon live in die Hauptstadt übertrugen. So sehr das Handy damals den demokratischen Wandel beschleunigte, hatte es allerdings fünf Jahre später auch einen Anteil an den blutigen Unruhen nach der nächsten Wahl. Drohungen und Hass-SMS stachelten Fanatiker zu Mord und Totschlag auf und versetzten die Menschen in Angst und Schrecken.

Wie das Handy auch Leben retten kann, hat Gerhard May kürzlich erlebt. Er war mit seiner kenianischen SIM-Karte in seiner alten Heimat in Süddeutschland unterwegs, als er plötzlich den Anruf einer ehemaligen Mitarbeiterin aus Tansania bekam. »Die hat mich vom Gipfel des Kilimanjaro angerufen, nachdem sie sich bei einem Sturz von einem Felsen den Arm gebrochen hatte«, erzählt der Schwabe. »Und dann konnte ich von meinem kleinen Heimatort in der Nähe von Stuttgart die Rettungsmaßnahmen und die Evakuierung vom Kilimanjaro veranlassen.«

Eine geradezu revolutionäre Errungenschaft hat der Netzbetreiber Safaricom eingeführt: »M-Pesa« – Geldüberweisungen per SMS kreuz und quer durch

Kenia. »Du lässt dich mit deiner SIM-Karte und deinem Personalausweis registrieren und kannst dann Geld an jede beliebige Handynummer verschicken«, erzählt Florence Keya. »Ich schicke meinen Eltern regelmäßig ein paar Schilling nach Hause.« Einmal im Monat zahlt Florence in einem Lebensmittelladen in Nairobi eine Summe ein und schickt den Eltern in Kakamega im Westen Kenias den mit einer PIN-Nummer versehenen Betrag aufs Handy. Die können dann gegen Vorlage der SMS an der Tankstelle oder der Getreidemühle im Dorf das Geld sofort in bar kassieren.

Inzwischen hat Safaricom fünf Millionen Kunden. Bis in den letzten Winkel des Landes gibt es elftausend Partnerunternehmen – M-Pesa-Punkte – die gegen eine geringe Gebühr den Überweisungsverkehr abwickeln. Dagegen besitzen nur wenige Kenianer ein Bankkonto. Die Gebühren sind zu hoch, Überweisungen dauern zu lange, vor allem aber trauen die Menschen dem eigenen Sparstrumpf – und ihrem Handy – mehr als den Kreditinstituten.

Drei große Netzbetreiber beherrschen den Markt der Mobiltelefone in Afrika. Aus Südafrika kommen MTN und Vodacom, eine Tochter der britischen Vodafone. Und dann ist da noch der Pionier CelTel, der 1994 das erste Handynetz in Uganda aufgebaut hat und heute in fünfzehn Ländern vertreten ist, zählt Ex-Manager Gerhard May auf: »Das ist eine sagenhafte Entwicklung, vor allem aber ist es eine wirklich afrikanische Erfolgsgeschichte.« Vor zwei Jahren hat der CelTel-Gründer, der sudanesische Geschäftsmann Mo Ibrahim, sein Imperium an Investoren der Zain-Gruppe aus Kuwait verkauft. Während sich Europa oder die USA für den afrikanischen Markt lange nicht interessierten, nahm der Einfluss aus dem nahen Osten stetig zu. Nun scheint es so, als wolle der französische Mischkonzern Vivendi bei Zain einsteigen.

Während Skeptiker davor warnen, dass sich die Menschen den profitgierigen Kommunikationsgiganten ausliefern, macht die Not die Menschen in den Slums von Nairobi erfinderisch. Dort sind Zigtausende so arm, dass sie sich nicht einmal einen Stromanschluss leisten können. Doch pfiffige Kleinunternehmer bieten auch in den Elendsquartieren Lösungen für allzeit störungsfreien Empfang. Bernhard Kamau zum Beispiel verkauft in einer telefonzellengroßen Bretterbude Prepaid-Karten und Handyzubehör. Auf dem Boden stehen Autobatterien und Trafos. »Wer keinen Strom hat, kann hier sein Akku aufladen. Für zwanzig Eurocent pro Handy.« Rund sechshundert Euro macht er im Monat mit seinem winzigen Laden, verrät Bernhard stolz. »Fast so viel, wie ein Chefarzt verdient.«

Dass das Handy zum Objekt der Begierde auch für Taschendiebe geworden ist, wissen alle Kenianer, die täglich mit dem Bus fahren oder am Wochenende gern auf den Fußballplatz oder in die Diskothek gehen. Dass aber das Telefon Kriminellen auch zum Verhängnis werden kann, nahm die staunende Öffentlichkeit Ende 2009 erleichtert zur Kenntnis. Bei einem spektakulären Entführungsfall hatten die Kidnapper die Lösegeldverhandlungen mithilfe eines Handys geführt. Schnell konnte die Polizei den Schlupfwinkel orten, die Gangster dingfest machen und die beiden Geiseln unversehrt befreien.

Verstümmelt und verkauft

Viele junge Maasai-Mädchen sind Opfer traditioneller Hochzeits- und Beschneidungsbräuche. Aber immer mehr wehren sich

Eine Postkartenidylle ist das wirklich nicht, was sich in der kleinen Hüttensiedlung in der Nähe von Kajiado abspielt. Die stolzen Maasai-Krieger sind kaum in der Lage, sich aufrecht zu halten. Alte Männer torkeln sturzbetrunken durchs Gelände, während über der Savanne die Sonne aufgeht.

In einer der Hütten aus Lehm und Kuhdung wird unterdessen Naserian Matilong von ihrer Mutter und den Tanten festlich herausgeputzt. Endlich zwängt sich das Mädchen durch die schmale Tür. Gehüllt in bunte Wickeltücher, über und über geschmückt mit Halsbändern, Armreifen und Ketten, auf dem Kopf ein Diadem aus Glasperlen und glitzerndem Metall. Naserian sieht aus wie eine Königin, doch sie wird geschüttelt von Weinkrämpfen.

Ein Bild der Zerrissenheit. Naserian die Braut, Naserian das Kind. Dreizehn Jahre alt ist sie kürzlich geworden. Für die Hochzeit haben sie ihr den Schädel kahl geschoren. Nun steht sie zitternd, weinend und unfähig, ein Wort zu sagen, vor diesem Fremden, der ab jetzt ihr Ehemann sein soll. Der Mann in Rot – das traditionelle Maasai-Gewand um Hüften und Schultern geschlungen, die Haare mit ockerfarbenem Lehm gefärbt – wartet mit offenem Mund und presst seine Fingernägel verlegen in einen perlenbesetzten Stock. Der einundzwanzigjährige Mayesek Kone ist gekommen, um seine Braut in die Manyatta, das Gehöft seiner Familie, zu holen. Das Paar hat sich nie zuvor gesehen.

Jetzt stellt der Vater seiner Tochter den Bräutigam vor. »Geh und kümmere dich um deinen Mann, so wie deine Mutter mich versorgt«, belehrt Vater Matelo das Mädchen mit erhobenem Finger. »Sei treu und gehorsam. Und wenn es dir nicht gut geht, dann wende dich an deinen Schwiegervater. Er wird alle Probleme lösen.«

Die Väter haben die Hochzeit ein paar Monate zuvor arrangiert. Den Brautpreis, vier Kühe und umgerechnet hundert Euro, hat Matelo bereits kassiert. Nun gibt er auch seinem Schwiegersohn ein paar gute Ratschläge: »Wir sind uns einig geworden. Jetzt steht ihr zusammen als Mann und Frau. Behandle meine Tochter so, wie man Frauen zu behandeln hat«, belehrt der Brautvater den jungen Mann. »Und lass dir eins sagen, Frauen sind geschwätzig. Höre also nicht auf Klatsch und Tratsch, sonst wird dein Haus zusammenbrechen.« Eine Kalebasse mit Milch und ein Stock zum Viehhüten, das sind Matelos Geschenke an seine Tochter. Allein und ohne Gruß verlässt die weinende Naserian ihre Familie und steigt zu ihrem Ehemann und einer Handvoll alter Männer auf einen offenen Lieferwagen. Dem jungen Eheglück steht nichts mehr im Weg.

Eine Stunde später und rund dreißig Kilometer weiter in der Manyatta des Bräutigams. Die Stimmung erreicht den Höhepunkt. Eine Kuh und mehrere Ziegen brutzeln über einem offenen Feuer, selbst gebrautes Honigbier fließt in Strömen. Das ganze Dorf, jung und alt, mehr als zweihundertfünfzig Leute feiern ausgelassen. Die jungen Maasai-Krieger singen und tanzen. Kerzengerade springen sie in die Höhe, bis sie in Trance fallen. Die Frauen und die Alten genießen das Festmahl. Alle feiern, nur eine nicht: Naserian. Das Mädchen sitzt allein in einer dunklen Hütte aus Lehm und Kuhdung, schluchzt und zittert immer noch, als wartete sie auf ihre Hinrichtung. Denn irgendwann wird Mayesek kommen und von ihr die ehelichen Pflichten einfordern.

Sein Alltag werde sich kaum ändern, sagt Mayesek: »Jetzt ist einfach eine Person mehr im Haus, die mir hilft, meine Familie zu versorgen. Sie muss das Vieh hüten, sie ist verantwortlich für den Haushalt und sie muss täglich Wasser holen.«

Szenenwechsel. Unterricht in der Mädchenschule der Bezirksstadt Kajiado. Ein weitläufiges Gelände mit Sportanlagen und einem Internat. Dort wohnt auch die sechzehnjährige Jedidah. Sie trägt ihre Schuluniform mit sichtlichem Stolz. Dunkelblauer Faltenrock, Kniestrümpfe und Weste, weiße Bluse. Seit fast acht Jahren lebt sie hier und ist glücklich über jeden Tag. Denn Jedidah hat genau das Gleiche erlebt und durchlitten wie die gerade verheiratete Naserian. Mit einem Unterschied: Eines Tages nahm Jedidah ihr Schicksal selbst in die Hand und ergriff die Flucht. Damals hat auch sie nur geweint, heute kann sie darüber sprechen. »Ich war erst neun Jahre alt, aber mein Vater wollte mich verheiraten, weil er Geld und neue Kühe brauchte«, erinnert sich Jedidah. »Und das bedeutete, dass ich beschnitten werden musste. Denn in der Kultur der Maasai kann ein Mädchen ohne Beschneidung nicht verheiratet werden.«

Was dann folgte, war die Hölle. Jedidah musste sich mit dem eigenen Urin waschen, und dann kam die alte Frau mit der rostigen Messerklinge. »Es war so, als würden sie mich schlachten. Es hat furchtbar wehgetan und ich habe so geblutet. Dann bin ich in Ohnmacht gefallen und erst wieder im Krankenhaus aufgewacht. Eine Woche musste ich dort bleiben.« Etwa zwei Monate später wurde Jedidah festlich geschmückt vor die Hütte geschickt. Dort stand ein sechzig Jahre alter Mann, der schon drei Frauen hatte. »Sie haben mich mit ihm verheiratet und ich musste mit ihm gehen. Er war so alt, und ich hatte ihn nie zuvor gesehen.«

Naserian und Jedidah – zwei Schicksale von Millionen in Afrika. Nur in vierzehn von dreiundfünfzig Ländern des Kontinents ist die Beschneidung von Frauen und Mädchen verboten. FGM – »Female Genital Mutilation«, also weibliche Genitalverstümmelung, heißt die brutale und menschenverachtende Praxis bei Sozialarbeitern, Hilfsorganisationen und in den Gesetzbüchern der fortschrittlicheren Länder. Kenia gehört seit zwei Jahren dazu. Im Jugendschutzgesetz heißt es: »Keiner Person ist es erlaubt, ein Kind der weiblichen Beschneidung zu unterziehen, zu früher Heirat oder anderen kulturellen Riten, Gebräuchen und traditionellen Praktiken zu zwingen, die das Leben des Kindes, seine Gesundheit, seine Würde oder die physische und psychische Entwicklung behindern.«

Doch die kenianische Praxis sieht anders aus. Selbst in der Gruppe der Fünfzehn- bis Neunzehnjährigen ist heute noch jedes dritte Mädchen beschnitten. Bei den Maasai und einigen anderen Volksgruppen kann sich kaum ein Kind dem blutigen Ritual entziehen, sagt Jane Kamau. Die Sozialarbeiterin arbeitet im kenianischen Gesundheitsministerium. »Es gibt drei Formen von weiblicher Beschneidung. Die Entfernung der Klitoris, dann zusätzlich die Beschneidung der inneren Schamlippen und als Schlimmstes die Entfernung von Klitoris, inneren und äußeren Schamlippen. Unter den Maasai ist die zweite Form, die sogenannte Exzision, verbreitet.«

In einem Büro in der Bezirkshauptstadt Kajiado sitzt Ezekiel ole Katato an seinem Schreibtisch. Unverkennbar ein Maasai, auch wenn er statt der traditionellen Stammestracht Anzug und Krawatte trägt. Groß, schlank und mit fein geschnittenem Gesicht, ein Mann mit Ausstrahlung. Die Männer im Bezirk fürchten und verachten den Einundvierzigjährigen, die Frauen mögen ihn vielleicht für seinen Mut bewundern. Denn als Direktor der kleinen Bildungsstiftung für Maasai-Mädchen ist Ezekiel ole Katato einer der Vorkämpfer gegen die Genitalverstümmlung. »In meinem Volk ist die Beschneidung seit Urzeiten Bestandteil der Kultur«, erklärt er. »Wenn die Maasai-Krieger früher in den Kampf zogen, dann ließen sie die Frauen beschneiden, um ihnen die sexuelle Lust zu nehmen und sie vor feindlichen Entführern zu bewahren.« Daraus ist dann ein Ritual des Übergangs vom Kind zur Frau geworden. Nur wer beschnitten ist, gilt als erwachsen und wird in die Gemeinschaft aufgenommen.

Weil aber immer mehr Mädchen durchschauen, was ihnen unter dem Vorwand traditioneller Werte angetan wird, und von zu Hause ausreißen, erscheinen die alten Frauen mit dem Messer oder einer Glasscherbe immer früher. »Die ganz jungen Mädchen mit neun oder zehn verstehen das Ritual noch nicht und haben keine Ahnung von der Gefahr. Und so gibt es kaum Widerstand«, sagt ole Katato. Die sechzehnjährige Emilie Topisia, eine Mitschülerin von Jedidah, wusste jedoch genau, was die Stunde geschlagen hatte, als ihr Vater eines Tages anfing, Honigbier zu brauen: »Mir war klar, dass der Alkohol für die Beschneidungsfeier zubereitet wurde. Aber auch ich war auf den Tag vorbereitet.« Mit Hilfe ihrer Mutter nahm Emilie Reißaus, versteckte sich im Busch und kam dann in die Kajiado-Mädchenschule.

Dort wacht Priscilla Nangurai mit Argusaugen über ihre Schützlinge. Für Mädchen wie Emilie oder Jedidah ist sie die Rettung, bei den Traditionalisten gilt sie als gefährliche Kinderfängerin. »Wir haben zweiundfünfzig in der Grundschule, zehn in der Oberschule und fünfundzwanzig haben wir in anderen Schulen untergebracht«, zählt die Prinzipalin auf. »Also siebenundachtzig Mädchen, die vor dem Messer geflüchtet sind. Hier ist nun ihr Zuhause, wir sind ihre Familie.« Unterstützung bekommen die Mädchen und die couragierte Schulleiterin von höchster Stelle. Linah Kilimo, Parlamentsabgeordnete und frühere Staatsministerin im Präsidentenamt, hat ihre eigene Geschichte öffentlich gemacht. »Ich habe mich nicht verstümmeln lassen. Aber es war traurig, aus meinem Elternhaus zu flüchten, weil der Vater mir Gewalt antun wollte. Da habe ich mir geschworen, dass diese Praktiken ein Ende haben müssen.«

Heute ist die Front der Bescheidungsgegner gewachsen. Regierung, Kommunalverwaltungen und Polizei greifen immer öfter durch, stoppen die Zeremonien und nehmen Verantwortliche fest. Hilfsorganisationen klären auf und kümmern sich um die Opfer. »Wir machen Lehrer, Kirchenvertreter und Meinungsführer der Gesellschaft auf die Probleme aufmerksam«, erklärt Ezekiel ole Katato. »Wir sprechen über die Gefahren der Genitalverstümmelung. Und ich denke, langsam haben wir Erfolg.« Ezekiel hat zwei Mädchen in die eigene Familie aufgenommen, andere bei Bekannten und Nachbarn untergebracht. Aber woher soll das Geld für Ernährung, Kleidung, Bücher und Schulgebühren kommen? Der Erfolg übersteigt inzwischen die Möglichkeiten der Stiftung.

Die Sozialarbeiterin Jane Kamau versucht nicht zuletzt, die Familien selbst zu erreichen: »Wir wollen Eltern und Kinder von einem alternativen Ritual überzeugen. Ein feierlicher Übergang ins Erwachsenenleben, ja, aber ohne Blut und Gewalt.« Die Mädchen kommen eine Woche lang in einem Workshop zusammen. Sexualaufklärung steht auf dem Programm, Frauen aus der Gegend unterrichten Hauswirtschaft, Lokalpolitiker werden eingebunden. Höhepunkt ist eine große Feier mit allen Familien und der örtlichen Prominenz. »Dazu gehören natürlich Geschenke und eine Urkunde. Die Mädchen legen ein Gelöbnis ab, dass sie die Kindheit hinter sich gelassen haben, und zwar unbeschnitten. Und das funktioniert«, sagt Jane Kamau stolz. »Schon dreihundertzwanzig Mädchen haben an unserer Zeremonie teilgenommen.«

Die sechzehnjährige Jedidah, die ihren Vater seit der Flucht in die Kajiado-Mädchenschule nie wieder gesehen hat, will studieren und Rechtsanwältin werden. Dann, sagt sie, kann ich nicht nur den Maasai-Frauen helfen, sondern für die Rechte aller Frauen kämpfen.

Die junge Braut Naserian Matilong hat dagegen nie eine Schule von innen gesehen. Jetzt haben sie ihr in der finsteren Hütte ein schreiendes Baby auf den Schoß gesetzt und eine Schale mit Milch in die Hand gedrückt – damit kein Zweifel über ihre Rolle aufkommt: Sie soll viele Kinder kriegen und viele Kühe und Ziegen hüten. Draußen singen, tanzen und springen die Männer. Bis zum letzten Tropfen Honigbier.

Außenspiegel der Gesellschaft

Autofahren in Kenias Hauptstadt Nairobi ist ein Drahtseilakt zwischen großer Freiheit und zermürbendem Kleinkrieg

Eigentlich hätte ich es wissen müssen: ein Termin am frühen Vormittag in der Innenstadt – ein reines Lotteriespiel. Aber nun ist es wieder passiert: Ich stehe im Stau. Auf halbem Weg zwischen Lower Kabete Road und Waiyaki Way. Matatus, die berüchtigten Sammeltaxis von Nairobi, versuchen eine Schneise zu schlagen. Ab durch die Mitte oder über die Böschung am Straßenrand. Nichts geht mehr, denn auch die Gegenfahrbahn ist blockiert. Irgendjemand weiter hinten hat die Nerven verloren, vergeblich zu wenden versucht und bildet jetzt ein zusätzliches Hindernis. Ein Zeitungsjunge zeigt nach vorn und schlägt mit der rechten Faust in seine linke Handfläche: Anscheinend hat es am Kreisverkehr in Westlands einen kleinen Unfall gegeben.

Mit dem Handy versuche ich meine Verabredung, einen kenianischen Rechtsanwalt, zu erreichen. Telefonieren im Auto ist zwar streng verboten, aber das dürfte nur während der Fahrt gelten. Auch der Anwalt ist noch irgendwo unterwegs, jetzt aber etwas verschnupft. Von mir als Deutschem hätte er doch Pünktlichkeit erwarten können. Aber kein Problem, ich solle mit seiner Sekretärin einen neuen Termin vereinbaren. Der Dauerstau eröffnet allerdings durchaus auch Chancen. Zum Beispiel Zeit für einen Cappuccino im Java Coffee-House.

Der Parkplatz eines Einkaufszentrums ist schon in Sichtweite.

Für viele ist das Verkehrschaos in Nairobi eine stets willkommene Ausrede für planlose Unverbindlichkeit. »Pole-pole«, wie es auf Kiswahili heißt: Immer mit der Ruhe und nur kein Stress. Anderen bietet sich die Chance auf ein schnelles Geschäft. Denn mein zentralverriegeltes, klimatisiertes Gefängnis aus Blech wird jetzt von *Hawkern* belagert, die gegen die Scheiben klopfen. Die fliegenden Straßenhändler versuchen mir Bananen, Schnittblumen, Garderobenständer, Hundebabys, Sonnenbrillen, gerahmte Porträtfotos des Präsidenten und gefälschte Luxusuhren anzudrehen: »My friend, special price only for you.« Danke, heute nicht. Aber vielleicht morgen.

Immer noch besser als das, was einer neuen Kollegin passiert ist. Während sie wie festgenagelt auf der mittleren von drei Fahrspuren mit ihrem Landcruiser im Stau steht, kommen ihr zwei freundlich lächelnde junge Männer zu Fuß entgegen, brechen beide Außenspiegel ab und verschwinden seelenruhig mit ihrer Beute in einer Seitenstraße. Tja, da hat jemand sein Eintrittsgeld bezahlt, spotteten die alten Hasen auf der nächsten Party. Mir ist es vor Jahren ähnlich ergangen. Ich hatte meinen VW-Bus am Straßenrand geparkt und fand ihn nach einer halben Stunde nur noch »einäugig« vor. Irgendjemand hatte den rechten Scheinwerfer abmontiert. Ja, es gibt viele böse Menschen in dieser Stadt, tröstete mich ein junger Mann mit Rastazöpfen. Aber kein Problem. Ein guter Freund verkauft zwei Straßen weiter Ersatzteile. Gebraucht, aber gut erhalten. Und tatsächlich, für kleines Geld erstand ich dort einen Scheinwerfer, der wie für meinen Wagen gemacht schien. Und der freundliche Helfer hatte sogar einen Schraubenzieher in der Tasche.

Aber es läuft nicht immer so glimpflich ab. Neulich musste der neue dänische Botschafter sein »Einreisevisum« bezahlen, oder besser gesagt, eine Art Wegezoll. Eine bewaffnete Bande hatte am helllichten Tag auf offener Straße achtzehn Kugeln im Blech seines Geländewagens versenkt, den Mann ausgeraubt und dann ein anderes Auto samt Fahrer als Fluchtfahrzeug gekapert. Später bekam der Diplomat telefonisch gute Wünsche aus dem Krankenhaus. Dort lag sein russischer Amtskollege, nachdem er bei einem Überfall auf sein Auto durch einen Messerstich verletzt worden war. Kaum ein Tag vergeht, an dem die Zeitungen nicht über Fälle von Carjacking berichten: Autodiebstahl mit Entführung. Bevorzugt am späten Abend, denn dann lassen sich mit den Plastikkarten der Geiseln die Bankautomaten gleich zweimal plündern. Kurz vor und kurz nach Mitternacht.

Auf den Straßen von Nairobi spielt sich das wahre Leben ab. Hier führen fast fünf Millionen Menschen ihren tägliche Kampf ums Überleben: Der dreispurige Highway nach Westen in Höhe des Vororts Kangemi ist im Lauf der Jahre zu einer schmalen Gasse geschrumpft. Slumhütten und Marktstände haben sich in den löchrigen Asphalt gefressen. Erst die Auffahrt hinab, dann vom Seitenstreifen auf die linke und schließlich bis auf die mittlere Fahrspur. Manchmal kommt die Polizei nachts mit schwerem Gerät und macht solche wilden Siedlungen dem Erdboden gleich, manchmal auch nicht. Am Straßenrand von Kangemi hat immerhin der Rotary-Club von Nairobi ein öffentliches Toilettenhäuschen an den Straßenrand gebaut.

Ich bin gerne in Nairobi unterwegs. Autofahren zwischen zermürbendem Kleinkrieg und großer Freiheit macht mir immer noch Spaß. Geschwindigkeitsbegrenzungen oder rote Ampeln gelten eher als Empfehlungen. Und bei Stillstand ist Kreativität gefragt. Mittelstreifen, Gegenfahrbahn, Bürgersteig – wo ein Wille ist, da ist auch ein Weg. Wenn ich mit dem Motorrad unterwegs bin, genieße ich sogar bei den grimmigen Matatu-Fahrern fast eine Art Heldenstatus. Oder kann sich irgendjemand an ein Matatu erinnern, das freiwillig auf seine eingebaute Vorfahrt verzichtet hätte?

Eine wichtige Verkehrsregel lautet: Blickkontakt meiden! Denn wer Blickkontakt aufnimmt, hat verloren. Das mag dem mitteleuropäischen Verkehrsteilnehmer bekannt vorkommen, funktioniert in Kenia aber ganz anders. Während mich zum Beispiel in Deutschland der Bannstrahl aus den Augen des rechthaberischen Oberlehrers im Mittelklassewagen eiskalt erwischt und mir eine verkehrsordnungsrechtliche Lektion erteilt wird, bringt in Nairobi Blickkontakt auch dickstes Packeis auf der Stelle zum Schmelzen. Schauen sich zwei Autofahrer in die Augen, dann verzieht sich bei beiden der Mund reflexartig zu einem freundlich-gönnerhaften Lächeln: Bitte, fahr du zuerst. An der nächsten Ecke warten neue Herausforderungen, dann bin ich dran. Augen zu und durch.

Unfälle passieren reichlich. Etwa dreitausend Menschen sterben jedes Jahr im Straßenverkehr, sagt die Statistik. Im Verhältnis zur Bevölkerungszahl und Fahrzeugdichte ist die Zahl etwa hundert Mal so hoch wie irgendwo in Europa. Überhöhte Geschwindigkeit ist häufig die Ursache, der mangelhafte technische Zustand der meisten Autos, und

Alkohol. Als die Tageszeitung *Daily Nation* auf der Titelseite fragte, wie hoch denn die Promillegrenze in Kenia sei, kam drei Tage später die offizielle Antwort des Polizeichefs: Zweieinhalb Flaschen Bier!

Nicht immer geht es so glatt über die Bühne wie bei meinem kleinen Blechschaden im Westlands-Kreisverkehr: nur Kratzer und kleine Beulen an beiden Stoßstangen. Die Fahrer zucken mit den Achseln, steigen wieder ein und fahren weiter. »Shit happens.« Nachdem mein Sohn einmal von einem Matatu gerammt wurde, das seinen Wagen von links über den Bürgersteig überholen wollte, erstattete der Fahrer des Sammeltaxis seinen Fahrgästen schnell den Fahrpreis – mit einem kleinen Extrabonus. Alle Passagiere bestätigten später als Zeugen gegenüber der Polizei, dass der *Muzungu* – der Weiße – den Kleinbus abgedrängt und ihm in die Seite gefahren sei. Inzwischen waren jedoch unser Versicherungsvertreter Isaak, ich als Fahrzeughalter, der Besitzer des Matatus, zwei überflüssige Abschleppwagen und etwa zweihundert Schaulustige am Unfallort. Um es kurz zu machen: Die Beteiligten konnten sich unbürokratisch einigen.

Grundsätzlich ist bei Streitfragen zunächst immer der andere schuld, um sich dann im Zweifelsfall auf die widrigen Umstände zu einigen – das Wetter, die Regierung oder auf noch höhere Mächte. »The car was hit by a pole«, erklärte unser Bürofahrer Victor, nachdem es beim Einparken zum unübersehbaren Vollkontakt zwischen Fahrzeug und einem einbetonierten Begrenzungspoller gekommen war. »Das Auto wurde von einem Pfahl getroffen.«

Auf eine lange ungeklärte Frage unter Verkehrsteilnehmern habe ich inzwischen abschließende Auskunft bekommen. Gilt beim Linksverkehr in

Kenia an Kreuzungen eigentlich die Regel »links vor rechts«? Was nur logisch wäre. Oder sind die im Recht, die behaupten, »wer von rechts kommt, hat trotzdem Vorfahrt«? Die Straßenverkehrsordnung, eine dünne Broschüre vom Umfang der Jubiläumsschrift eines Kirchenchors, bleibt im Ungefähren. Nun hat meine achtzehnjährige Tochter, seit ein paar Wochen für umgerechnet achtzig Euro stolze Besitzerin eines kenianischen Führerscheins, ihren Fahrlehrer Maina gefragt, denn der sollte es schließlich wissen. Die unmissverständliche Antwort des Experten: »Einer muss die Initiative ergreifen.«

Die Mutter der Bäume

Die Friedensnobelpreisträgerin Wangari Maathai hat ihren Landsleuten Umweltbewusstsein und Zivilcourage beigebracht

Der Lärm ist ohrenbetäubend, doch spätestens nach ein paar Minuten zieht das Spektakel auf dem Blechmarkt von Shauri Moyo jeden Besucher in seinen Bann. Mehrere Dutzend Männer sitzen in Gruppen auf dem Gelände verteilt auf dem Lehmboden. Sie schweißen und schmieden, schlagen auf Schrott und Alteisen ein. Hünenhafte und bärenstarke Kerle mit schweißglänzenden, muskulösen Oberkörpern. Hämmer prasseln rhythmisch auf Metall, das sich unter der Wucht wie Butter zu verformen scheint. Der Müll der Millionenmetropole Nairobi verwandelt sich in Shauri Moyo zu Bratpfannen und Töpfen, Hacken, Schaufeln oder Gießkannen. Recycling in seiner reinsten Form.

Hinter dem Labyrinth aus rostigem Blech und glänzenden Haushaltswaren schließt sich eine große Wiese an. Kinder spielen Fußball, dazwischen weiden Ziegen, und unter zwei Bäumen mit ausladender, dunkelgrüner Krone liegen Männer dösend im Schatten. Kamukunji-Park nennen die Kenianer die von dem Blechmarkt eingerahmte Wiese. Vor beinahe fünfzig Jahren feierten die Mau-Mau-Kämpfer auf dem Gelände ihre Unabhängigkeit und streiften symbolisch die Fesseln der britischen Kolonialherrschaft ab. Hier startete das Oppositionsbündnis 2003 seine erfolgreiche Kampagne zur Abwahl des diktatorischen Regimes des Expräsidenten Moi. Und von hier aus verbreitete sich eine der bedeutendsten sozialen Bewegungen Afrikas.

Am 5. Juni 1977, dem Weltumwelttag, hat Wangari Maathai im Kamukunji-Park ihre ersten Bäume gepflanzt. Sieben Stück, von denen immerhin zwei überlebt und sich prächtig entwickelt haben. Dass es etwas Besonderes mit diesen Bäumen auf sich hat, weiß auch Michael Mwangangi. Der sechsundzwanzigjährige Arbeitslose richtet sich auf, blinzelt in die Sonne und muss nicht lange überlegen: »Ja, ja. Wangari Maathai hat die Bäume gepflanzt. Ich habe damals noch nicht gelebt. Aber als sie den Nobelpreis bekommen hat, haben wir alle gefeiert. Eine tolle Frau, aber auch ein bisschen verrückt.«

International hat die Entscheidung für Wangari Maathai 2004 auch für Irritationen gesorgt. Der Friedensnobelpreis für eine Umweltschützerin? Für eine Frau aus Afrika, die dreißig Millionen Bäume gepflanzt haben will? Klaus Töpfer, acht Jahre lang Direktor von UNEP, dem Umweltprogramm der Vereinten Nationen mit Sitz in Nairobi, und ehemaliger Bundes-Umweltminister ist eng mit Wangari Maathai befreundet: »Wangari ist so etwas wie die Ikone aller engagierten Menschen in Verbindung von Natur und Entwicklung und Frieden.«

Denn nirgendwo ist der Zusammenhang zwischen Umwelt und Frieden deutlicher sichtbar als in Afrika. Überall auf dem Kontinent kommt es zu gewaltsamen Auseinandersetzungen um schwindende Ressourcen, zu Verteilungskämpfen um Ackerland, um Weideflächen, um Wasserversorgung und um Siedlungsgebiete. Wangari Maathai sei der lebende Beweis dafür, dass Umweltschutz Friedensdienst ist, sagt Klaus Töpfer: »Wir wissen, dass viele

Bürgerkriege in Afrika sehr viel stärker von Kräften außerhalb der jeweiligen Länder geschürt werden, und zwar mit dem gierigen Blick auf die Rohstoffe. Auch mit dem Blick auf das Holz in den großartigen Wäldern, die ja nun wirklich so etwas wie die Schatzkammer der Welt darstellen. Kenia war zwar nie ein waldreiches Land. Aber die Abholzungen sind massiv, besonders in Gebieten, wo wir dringend Wald brauchen, wie am Mount Kenya.«

Mit 5199 Metern ist der Mount Kenya der zweithöchste Berg Afrikas. Die Gletscher auf dem schneebedeckten Gipfel und der Urwald an den Hängen des Vulkanbergs sind die wichtigsten Wasserspeicher für das ganze Land, Genpool für unzählige Tier- und Pflanzenarten. Den Kikuyu, der größten Volksgruppe Kenias, die an den Süd- und Westhängen siedelt, ist der Berg heilig. Hier, sagt die Legende, schenkte der Gott Ngai dem Urvater Gikuyu unter einem Feigenbaum seine Frau Mumbi. In den Wäldern des Mount Kenya formierte sich der Widerstand der Mau-Mau-Freiheitskämpfer gegen die Kolonialherren. Und am Fuß des heiligen Berges, in der Nähe der Kleinstadt Nyeri, wurde vor 1940 Wangari Maathai geboren.

Dunkle Regenwolken liegen schwer an den steilen Berghängen von Nyeri. Wie Pfeile schießt die Äquatorsonne ihre Strahlen durch das Dickicht aus Wald, aus Tee- und Kaffeeplantagen, Bananen- und Maisfeldern. Saftiges Grün in allen Schattierungen, nur unterbrochen von den lila Blüten der Jakaranda-Bäume und den Hütten vieler kleiner Bauernhöfe.

Ein schmaler Feldweg führt zu Wangari Maathais elterlichem Gehöft, das heute von ihrem Neffen Peter Muta bewirtschaftet wird: »Sie ist hier geboren und in diesen alten Holzhütten aufgewachsen. Das ist das Haus. Hier in diesem Zimmer ist sie zur Welt gekommen.« Peter Muta baut Gemüse und Getreide an, auf der Weide stehen ein paar Milchkühe. Im Innenhof zwischen den Hütten und Stallungen hat er eine kleine Baumschule angelegt. Rund zweitausend Setzlinge, einige sind nur ein paar Zentimeter gewachsen, andere einen knappen Meter hoch. »Jetzt brauchen sie noch viel Pflege, aber bald können wir sie in den Wald bringen«, erklärt Peter. »Weiter unten im Tal ist viel abgeholzt worden, aber die Leute haben schon eine Menge wieder aufgeforstet, sodass uns das Regenwasser erhalten bleibt.«

Das älteste Mitglied der Großfamilie ist Rahab Wamuchi Ngunjiri, die Tante von Wangari Maathai. Sie erinnert sich, wie das kleine Mädchen zu ihren Füßen gesessen und im Lichtschein des offenen Feuers ihre Hausaufgaben gemacht hat: »Wangari war ein gutes Kind, sehr fleißig und immer gehorsam. In der Schule war sie eine der Besten, und hier auf dem Hof hat sie natürlich immer mitgearbeitet. Sie hat Wasser aus dem Fluss geholt, Feuerholz im Wald gesammelt und war mit Hacke und Schaufel auf den Feldern.« Aus dem gehorsamen Mädchen ist eine energische, resolute Frau geworden.

Impulsiv und ruppig kann sie sein, geradezu nervtötend beharrlich und dominant. Ihr Mut und ihre Unerschrockenheit haben Wangari Maathai neben dem Friedensnobelpreis eine lange Reihe internationaler Auszeichnungen eingebracht, aber auch ein Dutzend Aufenthalte im Gefängnis und im Krankenhaus. Sie ist für Afrika das Symbol des zivilen Ungehorsams. Verpflichtet nur ihren Idealen: dem Umweltschutz, der afrikanischen Frauenbewegung, dem Kampf um Menschenrechte. »Sie ist eine unheimlich herzliche, unheimlich offene, aber auch unheimlich toughe und klare Frau, die die Sprache der Menschen spricht«, beschreibt sie ihr langjähriger Verbündeter Klaus Töpfer. »Manchmal kann sie in ihrer Härte auch missverständlich sein. Und Kompromisse von ihr zu verlangen, nein, dafür ist sie nicht zu haben.« Wangari Maathai ist eine Gesinnungstäterin im besten Sinne des Wortes. Alles, nur keine Taktikerin.

»Ich möchte die Afrikaner ermutigen und wachrütteln, damit sie für unsere Umwelt kämpfen«, sagt sie selbst. »Sonst werden dieses Land und die ganze Region von der Sahara geschluckt. Es hat doch schon genug Hungertote gegeben, Ernten sind vertrocknet, der Strom ist ausgefallen. Wenn wir unsere Umwelt nicht schützen, dann sind wir zum Sterben verurteilt.« So hat die »Mutter der Bäume« ihre Botschaft in den letzten dreißig Jahren tausendfach verkündet. Eindringlich auf Seminaren für kenianische Landfrauen, belehrend auf Vortragsreisen rund um die Welt, laut schreiend gegenüber knüppelschwingenden kenianischen Polizisten und ignoranten Politikern.

»Hokai tufande mipi« – »Komm, wir pflanzen Bäume«, so lautet der Slogan ihrer »Grüngürtel-Bewegung« seit ihrer ersten Aktion am Weltumwelttag 1977. Zu der Zeit konnte sie bereits auf eine beachtliche wissenschaftliche Karriere zurückblicken. Nach einem glänzenden Schulabschluss studierte sie mit einem Stipendium Veterinärmedizin und Biologie in den USA. Dort und bei Forschungsaufenthalten in Berlin und Gießen knüpfte sie auch Kontakte zu den sozialen Bewegungen der späteren sechziger Jahre. Zurück in Nairobi bekam Wangari Maathai als erste Frau eine Dozentenstelle an der Universität, erwarb als erste Afrikanerin den Doktortitel und wurde die erste Professorin des Kontinents.

Als sie dann auch noch den bis dahin biederen Nationalen Frauenrat Kenias aufmischte, riss den Männern in Wissenschaft und Politik der Geduldsfaden. Nach unzähligen Intrigen, Einschüchterungen und Behinderungen kehrte sie dem Lehrbetrieb den Rücken und machte sich mit einer kleinen Baumschule selbständig. Aber auch ihrer Firma Ecocare wurde buchstäblich das Wasser abgegraben. Aus der gescheiterten Geschäftsidee erwuchs jedoch ihr Lebenswerk – das Greenbelt Movement, die erste Umweltgruppe Afrikas.

Für jeden der fünfzehn Millionen Bürger Kenias wollte sie damals einen Baum pflanzen. Dreißig Millionen hat sie tatsächlich gepflanzt und ihr Ziel erreicht. Beinahe jedenfalls, denn die Einwohnerzahl hat sich seit Ende der siebziger Jahre mehr als verdoppelt. Heute betreibt das Greenbelt Movement sechstausend Baumschulen im ganzen Land. Die Bewegung beschäftigt hundert angestellte Mitarbeiter, wird vor allem aber von mehr als hunderttausend Freiwillen getragen, betont der leitende Forstwirt Njogu Kahare: »Sie sammeln ihr eigenes Saatgut, sie müssen sich selbst um Pflanzkübel kümmern und arbeiten auf ihren eigenen Farmen. Von uns gibt es nur die nötige Ausbildung, eine Anschub-Finanzierung und eine Grundausrüstung mit Material und Werkzeug. Das Greenbelt Movement ist immer noch eine Basisgruppe von Landfrauen.« Magere fünf Eurocent zahlt die Organisation für ein Bäumchen an die Frauen, vorausgesetzt, es ist nach drei Monaten gesund und hat in der freien Natur Wurzeln geschlagen. Dennoch brachte es so manche Frauengruppe durch den finanziellen Anreiz zu einer gemeinschaftlichen Bäckerei oder Nähstube.

Aber wie viel Wald sind dreißig Millionen Bäume, vor allem in einem Land, das zum größten Teil aus Trockensavanne und Halbwüste besteht? Forstexperten kommen selbst bei großzügiger Berechnung auf eine Fläche von höchstens zweihundertsiebzig Quadratkilometern. Das ist etwa die Hälfte des Bodensees. Wenn kritische Beobachter dann noch in Rechnung stellen, dass im gleichen Zeitraum die doppelte Fläche an Kenias Urwäldern abgeholzt wurde und heute nicht einmal mehr zwei Prozent des Landes mit Wald bedeckt sind, sieht die Bilanz nicht mehr ganz so rosig aus. Aber wie sähe Kenia heute ohne das Greenbelt Movement aus, ohne die gebetsmühlenartige Aufklärungsarbeit von Wangari Maathai? Gäbe es dann zum Beispiel die Initiative der Murinduko Oberschule in dem Bergdorf Mwea am Mount Kenya?

Im Wirtschaftsgebäude schwitzt Sammy Wambua, der Koch. Mit einem gigantischen Holzlöffel rührt er in einem dampfenden Kessel. Heute steht für die zweihundertfünfzig Schüler *Githeri*, ein Bohnen-Mais-Eintopf mit Weißkohl, und dazu Tee auf dem Speisezettel. Herzstück der Küche sind zwei neue, mit Metall verkleidete Öfen. Die kleine Feuerung gibt den Blick auf eine dickwandige Tonisolierung frei. »Mit den alten Kochgestellen auf offenem Feuer war es eine Höllenarbeit«, erklärt Sammy Wambua. »Wir haben unendlich viel Holz verbraucht und uns oft verbrannt. Der Rauch war ätzend, die ganze Küche schwarz vor Ruß. Aber mit den neuen Öfen macht das Kochen richtig Spaß.«

Zwölf Lkw-Ladungen Feuerholz pro Jahr sind früher in der Großküche für zweihundertfünfzig Schüler durch den Schornstein geraucht. Seit die Murinduko-Schule aber auf den Energiespar-Öfen kocht, reichen vier Ladungen aus. Die Brennstoffkosten und die Schadstoffe wurden um zwei Drittel gesenkt. Charles Kirubi, Mitarbeiter einer kenianischen Initiative zur Förderung von erneuerbaren Energien, wirbt für die Öfen: »Wir haben festgestellt, dass allein die Schulen am Mount Kenya jährlich hundert Tonnen Feuerholz verbrauchen. Das heißt im Klartext, Jahr für Jahr verschwinden dafür zwanzig bis vierzig Hektar Wald.«

Energie sparen ist aber nur ein Standbein des Programms. Das andere heißt Energie gewinnen. Dafür hat die Murinduko-Schule einen eigenen Eukalyptus-Wald angelegt. Direktor Charles Mungai spaziert stolz durch die Schonung. »Diese hier sind drei Jahre alt. Mit fünfhundert Bäumen ging es damals los, inzwischen haben wir rund dreitausend gepflanzt.« Schüler der Klasse vier wässern und beschneiden gerade die kleineren Bäume, die ältesten haben es inzwischen auf eine Höhe von fast fünf Metern gebracht.

Der Eukalyptus gehört nicht zu den heimischen Baumarten in Kenia und soll auch keineswegs den abgeholzten Urwald ersetzen, sondern wirtschaftlich genutzt werden, erläutert Charles Mungai. In den nächsten Jahren will er fünfzehn Hektar auf dem Schulgelände anpflanzen. Das gibt mehr Holz, als für den Eigenbedarf überhaupt nötig ist, rechnet der Mathematiker: »Bauholz, Zaunpfähle und Brennstoff für die benachbarte Teefabrik. Das dürfte so viel Gewinn abwerfen, dass wir bald die Schulgebühren senken können.« Energie sparen, den Urwald retten, und damit auch noch Geld verdienen, ob das funktioniert? Der Prinzipal lässt keinen Zweifel aufkommen. Der beste Beweis seien die neugierigen Bauern aus der Umgebung, die sein Projekt bereits nachahmten: »Von den zuletzt gepflanzten Bäumen haben die Nachbarn zwanzig Setzlinge geklaut.«

Das Beispiel von Wangari Maathai macht Schule. Die Regenwälder am Mount Kenya stehen inzwischen auf der Liste des Weltkulturerbes der UNESCO. Satellitenaufnahmen der NASA belegen, dass sich das Blätterdach über dem Schutzgebiet langsam wieder schließt.

Zur Ikone – wie Klaus Töpfer die Umwelt- und Menschenrechtsaktivistin bezeichnet – ist Wangari Maathai in den neunziger Jahren geworden. Damals rettete sie in einer beispiellosen Kampagne das letzte große Waldgebiet der Hauptstadt Nairobi vor dem Zugriff regierungsamtlicher Landräuber. In einer Nacht- und Nebelaktion hatten der Kleptokrat Moi und seine Clique den Karura-Wald zu Bauland erklärt und Kolonnen mit Kettensägen und Bulldozern in Marsch gesetzt. Aber Wangari und ihre Frauengruppe stellten sich mit mehreren Tausend Baumsetzlingen der Polizei erfolgreich in den Weg. »Die Polizei wurde von den Politikern missbraucht, um die Gesetze zu brechen«, erinnert sie sich. »Wir haben das öffentlich gemacht, indem wir Bäume gepflanzt haben. Das war ja nicht verboten. Illegal ist es vielmehr, den Wald abzuholzen und das Land zu verschachern.«

Gewaltfrei kämpfte sie später mit Müttern für die Freilassung von politischen Gefangenen, und mit friedlichen Mitteln verhinderte sie die Zerstörung des Uhuru-Freiheitsparks im Zentrum von Nairobi. Dort wollte sich die Regierungspartei KANU mit einem zweiundsechzigstöckigen Wolkenkratzer und einer gigantischen Statue von Präsident Moi ein Denkmal setzen. Frauen hielten Mahnwachen vor dem Bauzaun, Wangari Maathai riss sich auf offener Straße die Kleider vom Leib und landete einmal mehr im Gefängnis. Aber sie hatte die internationale Gemeinschaft mobilisiert. Und schließlich drehten Weltbank und Geberländer Kenia den Geldhahn zu. Der Größenwahn wurde in letzter Minute gestoppt.

Dennoch habe sie sich, sagt Wangari Maathai rückblickend, nie als politische Aktivistin oder Frauenrechtlerin verstanden: »Ich hatte eigentlich nie die Absicht, Frauenthemen politisch aufzugreifen. Aber dadurch, dass ich meine eigenen Interessen verfochten habe, ist daraus Frauenpolitik geworden. Ich habe nicht über Unterdrückung geredet, sondern gegen meine eigene Unterdrückung gekämpft. Und so sind viele Frauen aufgestanden und haben sich gegen ihre Unterdrückung gewehrt.«

Präsident Mwai Kibaki, der wie sie zur Volksgruppe der Kikuyu gehört, hatte Wangari Maathai nach seiner Machtübernahme als stellvertretende Umweltministerin in sein Kabinett geholt. Aber dem tagespolitischen Geschäft kehrte sie schnell wieder den Rücken. »Du denkst, jetzt sitzt du an den entscheidenden Hebeln. Aber es war schwierig, das zu tun, was man wirklich tun will«, beschreibt sie die ernüchternde Erfahrung. »Wenn du in der Regierung sitzt, dann musst du auf zu viele Dinge Rücksicht nehmen.« Bei der nächsten Kabinettsumbildung verweigerte sie polternd den Amtseid und verlor bei den letzten Parlamentswahlen auch ihren Wahlkreis.

Manchmal scheint es heute, als wäre Wangari Maathai in der Versenkung der Ökoszene verschwunden. Doch dieser Schein trügt. Als die Regierung wieder einmal bei den Geberländern um Millionenhilfen bettelte, reihte sie sich in die Front der Entwicklungshilfe-Kritiker ein: »Brauchen wir

Geld, um ein Loch zu graben und einen Baum zu pflanzen? Brauchen wir Geld, um Hecken und Terrassen anzulegen, um die Erosion zu stoppen, damit das Wasser der Flüsse statt braun wieder blau wird?« Da war sie wieder, die »Mutter der Bäume«, nach langem Schweigen, aber in alter Frische. Ob dem Präsidenten oder der einfachen Bäuerin – sie liest ihren Landsleuten die Leviten und fordert sie zum Handeln statt zum Betteln auf. »Wir müssen endlich den Hintern hoch kriegen, statt darauf zu warten, dass uns andere helfen. Es ist unsere eigene Verantwortung.«

Hat sie etwas verändert in Kenia? In der Politik sicher nicht, die Mächtigen sind genauso dreist und selbstsüchtig wie eh und je. Aber die Zivilgesellschaft ist aufmerksamer und mutiger geworden. Immer öfter rufen einfache Leute beim Greenbelt Movement an, wenn sie in der Nachbarschaft eine Kettensäge knattern hören. Das ist ihr Erfolg. Und deshalb darf Wangari Maathai mit siebzig Jahren auch ein bisschen großmütterlich sentimental werden: »Manchmal kommen junge Mädchen auf der Straße auf mich zu und umarmen mich weinend. Es ist ein so wunderbares, großartiges Gefühl.«

Gummis von Mama Flavour

Bewusstseinswandel und eine tabufreie Diskussion bringen erste Erfolge im Kampf gegen Aids

»Da war Angst«, sagt Jimmy Gideyi. »Die nackte Todesangst. Und da waren Schmerzen, als würde ich von Skorpionen zerstochen.« Umringt von einer Menschentraube steht der kleine drahtige Mann auf einem Platz zwischen den verwinkelten Gassen von Kibera. Neugierig betrachten die Leute zwölf auf Metallrahmen gespannte Gemälde. Porträts in Acryl und Lack, bunt und verfremdet, so groß wie Haustüren, die ins Innerste der Seele führen. Neben einem der Bilder steht Jimmy Gideyi und erklärt den Passanten, was er gemalt hat. Beschreibt seine Gefühle, als er erfuhr, dass er das Virus hat: ein Selbstporträt mit Skorpionen, die sich von allen Seiten nähern und von seinem Körper Besitz ergreifen.

Jimmy weiß seit drei Jahren, dass er Aids hat. Nach dem ersten Schock trat der Zweiundvierzigjährige die Flucht nach vorne an und ist heute ein bekannter Aids-Aktivist in Nairobis größtem Slum. »Ungefähr jeder Dritte der Leute hier in Kibera ist HIV-positiv«, sagt er. »Vermutlich sogar noch mehr, denn viele lassen sich immer noch nicht testen.« Er selbst hat die Skorpione, die ihn bis in den Schlaf verfolgten, inzwischen »unschädlich« gemacht. »Es ist heute kein Problem mehr, selbst hier die lebensverlängernden, antiretroviralen Medikamente zu bekommen.« Mehr als hunderttausend Menschen sind in Kenia in den staatlichen Programmen und erhalten ihren Cocktail kostenlos.

Körperlich fühlt sich Jimmy Gideyi stark und gesund, aber die seelische Belastung machte ihm lange zu schaffen. Bis er den belgischen Maler Xavier Verhoest traf. Der hatte ihm etwas von »Body Mapping« erzählt. »Es geht darum, sich gestalterisch mit seinem Körper und der Krankheit auseinanderzusetzen«, erläutert der Künstler, der im Kongo aufgewachsen ist und seit mehr als zehn Jahren in Kenia arbeitet. »Eine Landkarte des eigenen Körpers zu malen. Sich selbst zu entdecken und die Erfahrungen weiterzugeben.« Zwölf Leute aus Kibera trafen sich eine Woche lang mit Xavier. Das Ergebnis: zwölf Gemälde und zwölf HIV-positive Künstler, die die Aufmerksamkeit des Slum-Viertels auf sich ziehen.

Auch Chrisphos Masanga und seine Frau Olivia erklären den Leuten ihre Bilder. Er kämpft mit dem Virus in Form eines Krokodils, sie wird von einem Heer von Zecken überfallen. Bei beiden spielen Schatten eine dominante Rolle. »Mein Schatten ist rot und groß. Das heißt, dass wir aufeinander aufpassen müssen und respektiert werden wollen«, sagt er. »Unterstützung ist das Wichtigste für uns Positive. Deshalb bin ich glücklich, dass wir hier auf uns aufmerksam machen können.«

Einer der Passanten verkündet, dass Kondome für ihn nicht in Frage kämen: »Zur Verhütung einer Schwangerschaft ist es okay. Aber das Aids-Virus ist so winzig – das wird doch durch das Gummi nicht zurückgehalten.«

Daneben steht Rose Mbeneka, die sich mit steingrauen Brüsten gemalt hat. So fühlte sie sich vor einem Jahr, als sie auf achtunddreißig Kilo abgemagert war. Auffälliger ist das große Herz. »Das ist der Platz in meinem Körper, den das Virus noch nicht erobert hat. Mein Herz schlägt mit ganzer Kraft.« Von der Ausstellung und dem Interesse der Leute ist sie überwältigt: »Ich habe nicht geglaubt, dass ein gemaltes Bild sprechen kann. Aber jetzt weiß ich, es kann dir eine Botschaft schicken.«

Die Botschaft von Aids hat die Menschen überall in Kenia erreicht. Sie lautet: Das Virus ist kein Todesurteil und jeder kann sich schützen.

Koinange Street. Rotlichtviertel und Adresse eines der ältesten Nachtclubs von Nairobi. Eine unscheinbare Frau steuert auf den Tresen des »Florida 2000« zu, spricht einen Mann an und stellt sich mit strahlendem Lächeln als »Mama Flavour« vor. »Wie heißt du?«, fragt der Mann ungläubig. »Mama Flavour, ›Mutter Geschmack‹?« – Okay, antwortet die Frau, das sei nur ihr Spitzname. Aber sie verkauft Kondome mit Geschmack, und so ist sie an den Namen gekommen. Verlegen wendet sich der Mann wieder seinem Bier zu.

Eine Szene, wie sie sich jede Nacht wohl ein Dutzend Mal abspielt. »Mama Flavour« heißt Ruth Ngei, ist vierunddreißig Jahre alt und zieht durch die Diskotheken und Bars der kenianischen Hauptstadt. Ruth betreibt ein erfolgreiches Kleinunternehmen, sie ist fliegende Händlerin in Sachen Kondome. Das Angebot in ihrer großen Handtasche ist enorm. Gerippt, mit Noppen und eben mit Geschmack: Schokolade, Erdbeere, Orange, Melone oder Banane. Für jeden etwas.

Doch »Mama Flavour« ist keine Moralpredigerin oder Aids-Aktivistin, sondern Geschäftsfrau. Sie erkannte die Marktlücke und kündigte ihren sicheren, aber schlecht bezahlten Job als Polizeibeamtin.

»Der Umsatz stimmt«, sagt sie verschmitzt. »Mein wichtigster Markt sind natürlich Prostituierte. Aber je bekannter ich werde, umso mehr männliche Kunden kommen dazu. Und ob Sie's glauben oder nicht, gelegentlich verkaufe ich meine Kondome sogar an verheiratete Paare.«

Vor allem junge Kenianer ändern ihr Sexualverhalten. Der größte Kondomhersteller des Landes hat seinen Umsatz auf siebenundzwanzig Millionen pro Jahr verdoppelt. Nicht zuletzt ein Verdienst von Ruth Ngei, sagt Jasmine: »Sie ist eine große Hilfe für uns. Denn bei unserer Arbeit brauchen wir Kondome. Schau dich um, wir sind hier alle Prostituierte.« Und ihre Kollegin Mweni verrät augenzwinkernd, ihr Lieblingsgeschmack sei Banane. »Banane ist so süß. Und wenn du mit einem Freund zusammen bist, dann macht es richtig Spaß.«

Nur dem Mann an der Bar ist die Situation sichtlich unangenehm. Nein, nein, sagt er. Er sei ja nur auf ein Bier da. An kommerziellem Sex habe er überhaupt kein Interesse. Dem verlockenden Angebot von Mama Flavour kann er sich aber nicht entziehen und kauft ein Kondom. Mit Erdbeergeschmack.

Kenia hat Aids lange tabuisiert. Die Regierung steckte bis in die späten achtziger Jahre den Kopf in den Sand. Die Leute hatten keine Ahnung, was es mit dieser »slim disease« auf sich hat, der Krankheit, die »schlank« macht. Als sich die Verbreitung nicht mehr unter dem Teppich halten ließ, wurde Aids als rein ausländisches Problem abgetan, ein in amerikanischen Labors gezüchtetes Virus, um die Afrikaner auszurotten.

Diese Zeiten sind vorbei, sagt die Filmregisseurin Mary Migui: »Aids ist heute Realität. Wir haben es in der Schule gehört, wir sind aufgeklärt. Die

Leute wissen Bescheid und ändern ihr Verhalten. Aber natürlich gibt es immer welche, die sind ignorant oder rücksichtslos.« Leute wie Mr. und Mrs. Mwaketi, die für ihren einzigen Sohn Toby eine junge Frau aussuchen, damit der einen Stammhalter zeugt. Toby will aber bei dem bösen Spiel nicht mitmachen. Er gesteht seinen Eltern, dass er HIV-positiv ist.

Das ist die Geschichte, die Mary Migui in ihrem Spielfilm »Backlash« erzählt. Er handelt von dem kalkulierten Risiko, eine Frau bewusst mit Aids zu infizieren, in der Hoffnung, dass sie ein gesundes Kind zur Welt bringt. Cajetan Boy, Kenias bekanntester Theater- und Drehbuchautor, hat die Story geschrieben. »Der Vater und die Mutter beschaffen ihrem Sohn ein gesundes, gutgläubiges Mädchen. Und nach der arglistigen Täuschung bringt es tatsächlich den ersehnten Enkel zur Welt.«

Endlich ein Stoff abseits der üblichen Klischees von Armut, häufig wechselndem Geschlechtsverkehr, Stigma und Verzweiflung, sagt Mary Migui: »Heute in Kenia einen Film über Aids zu drehen, ist nichts Besonderes mehr. Die Herausforderung besteht darin, die Geschichte anders zu erzählen.« 1,3 Millionen Menschen sind in Kenia HIV-positiv. Doch seit einigen Jahren sind die Zahlen rückläufig, von zehn Prozent in den späten neunziger Jahren auf heute gut sechs Prozent der Bevölkerung. Über Aids wird nicht mehr nur im Flüsterton geredet.

Ein mühsamer Sinneswandel, erinnert sich Cajetan Boy. »Als ich 1994 mit der Schauspielerei und dem Schreiben anfing, habe ich oft HIV-positive Rollen gespielt. Und damals hat niemand aus dem Publikum nach dem Stück mit mir gesprochen.« Das Thema Aids hat Cajetan durch sein gesamtes künstlerisches Leben begleitet. Er will unterhalten und provozieren. Wenn der Stoff mit dem wirklichen Leben zu tun hat, dann kommt der Aufklärungsaspekt von ganz allein, sagt er. »Als ich ›Backlash‹ geschrieben habe, war Aids schon nicht mehr der sichere Tod. Was ich nun vermitteln will, ist, dass Liebe allein nicht mehr reicht. Du musst den Status deines Partners kennen, um dich zu schützen.«

Natürlich verliebt sich im Film Toby in Luise, die Frau, die seine Eltern ihm ausgesucht haben. Und natürlich erfährt Luise, dass sie sich bei Toby angesteckt hat. Happy End ausgeschlossen, aber alle Fragen bleiben offen, sagt Mary Migui. »Wir wissen nicht, wie die Geschichte ausgeht, das Mädchen läuft mit ihrem Baby davon.«

Um zu sehen, wie die Geschichte im wirklichen Leben weitergehen könnte, muss man nur eine Stunde aus Nairobi hinausfahren, ins konservative, ländliche Kenia.

Die alten Frauen in ihren bunten Wickelröcken und Kopftüchern machen einen entspannten Eindruck. Vor einem kleinen grauen Haus sitzen sie im Gras und vertreiben sich singend die Zeit. Als sich die Tür öffnet und eine Frau in Ordenstracht herauskommt, wird es unruhig. Schwester Luise winkt ein paar junge Burschen herbei. Die fangen an, Pakete zu verteilen: zwei Kilo Maismehl für jede der wartenden Frauen.

Das Haus von Luise Radelmeier ist die bekannteste Adresse in Juja, einem trostlosen Kaff rund vierzig Kilometer östlich von Nairobi. Für die alten Frauen, die *Shoshos* von Juja, ist die Dominikaner-Schwester Lebensversicherung und einziger Hoffnungsschimmer: »Shoshos, das sind die kenianischen Großmütter, die sich um Aids-Waisen kümmern. Die Eltern sind gestorben und haben ihnen die Kinder, also ihre Enkel, hinterlassen.« Vor ein paar Jahren klopfte die erste Aids-*Shosho* an ihre Tür, inzwischen betreut sie regelmäßig etwa neunzig Großmütter, die sich um insgesamt mehr als zweihundertfünfzig Enkelkinder kümmern.

Eine der *Shoshos* ist Maria Njeri. Sie lebt in einem finsteren Zimmer am Ende einer Holzbaracke. Ihre beiden Töchter sind an Aids gestorben, erzählt die zierliche Frau: »Vor zwei Jahren die erste, ein halbes Jahr später die andere.« Die Väter hatten sich bei den ersten Anzeichen der Krankheit aus dem Staub gemacht. Für Maria Njeri brach eine Welt zusammen. Die Siebzigjährige hatte sich auf einen ruhigen Lebensabend gefreut. Eigentlich sollten die Töchter, die in einer Sisalfabrik arbeiteten, die alte Frau versorgen. Plötzlich stand sie mit einem Haufen Kinder, aber völlig mittellos da. »Ich habe elf Enkel«, erzählt sie. »Die sechs jüngeren leben bei mir, die älteren hat mein Bruder eines Tages mitgenommen.«

Für ältere Kinder finden sich immer treu sorgende Verwandte. Die schicken den Nachwuchs irgendwo zur Arbeit und verdienen so noch an dem Elend der Familie, sagt Schwester Luise wütend. Besonders beliebt seien junge Mädchen: »Da kommt dann so ein feiner Herr aus Nairobi und sucht ein Hausmädchen oder so was. Aber wenn der Mann Aids hat, dann denkt er, er könnte das Virus wieder loswerden, wenn er mit einer Jungfrau schläft.« Und so landen schon Zwölfjährige wieder bei den *Shoshos*, abgeladen wie auf einer Müllkippe.

Luise Radelmeier zahlt die Miete, sorgt für Essen, Kleidung, Schulbücher und medizinische Versorgung der *Shoshos* und der Aids-Waisen – alles finanziert durch private Spenden, ein ständiger

Drahtseilakt: »Ja, es kann schon vorkommen, dass ich in diesem Monat nicht weiß, wo das Geld für den nächsten Monat herkommt.« Von der Amtskirche kann die achtundsechzigjährige pensionierte Theologie-Dozentin nichts erwarten. Als einziges Rezept gegen Aids predigen die kirchlichen Würdenträger eheliche Treue und Enthaltsamkeit.

Weil Verhütungsmittel nur die Unmoral förderten, haben kenianische katholische Bischöfe vor einigen Jahren mehrere hunderttausend Kondome öffentlich verbrannt.

Aus Zweifel am Kanzelwort

Der siebenundachtzigjährige Kimani Nganga Murage geht in die Grundschule, um die Bibel lesen zu lernen

»How many trees are there?« – »There are two trees.« Englischunterricht in Klasse drei der Kapkenduiywa Schule in Eldoret. »Wie viele Bäume sind das?«, fragt der kleine Edwin. Und die ganze Klasse antwortet im Chor: »Es sind zwei Bäume.« Eine etwas heiser krächzende Stimme ist dabei nicht zu überhören – die von Kimani Nganga Murage. Er sitzt ganz vorne in der ersten Bank. Wie alle Jungen und Mädchen trägt er die dunkelblaue Uniform der Schule, Blazer, weißes Oberhemd, kurze Hosen und Kniestrümpfe. Jetzt hebt der siebenundachtzigjährige, beinahe kahlköpfige Mann mit dem grauem Bart seine große, knochige Hand und will allein zu Gehör bringen, was er gelernt hat. »Good morgning. Good morging, Sir. How are you doing?« Etwas schwerfällig kommen die Worte über seine Lippen, aber durchaus verständlich: »Guten Morgen. Guten Morgen, mein Herr. Wie geht es Ihnen?«

Seit zweieinhalb Jahren geht Kimani Nganga Murage inzwischen in die Grundschule in der Nähe der westkenianischen Stadt. Seine Mitschüler und Lehrer nennen ihn respektvoll »Mzee«, das ist Swahili und heißt übersetzt so viel wie weiser alter Mann. »Er hat noch keinen einzigen Tag gefehlt«, versichert Schulleiterin Jane Obinchu. Lehrer und Schüler hatten es zunächst für einen Scherz gehalten, als Mzee Kimani damals auf seinen Stock gestützt vor ihrer Tür gestanden hatte, weil er Rechnen und Schreiben lernen wollte. »Anfangs konnte er nicht einmal einen Bleistift festhalten, aber er lernt sehr schnell und macht große Fortschritte«, versichert die Schulleiterin.

Sein ganzes langes Leben lang habe es ihn geärgert, dass er auf fremde Hilfe angewiesen war, sagt der alte Mann: »Vor allem wollte ich immer selbst die Bibel lesen können.« Dieser Wunsch erwuchs jedoch nicht aus dem Glauben an das Wort oder aus besonderer Frömmigkeit. Ganz im Gegenteil, Zweifel und Misstrauen trieben ihn, der sich nie hatte taufen lassen, an. »Ich habe den Missionaren nicht wirklich geglaubt, was sie den Leuten immer in den Kirchen erzählt haben. Aber jetzt werde ich selbst sehen, was da geschrieben steht.« Sein Lieblingsfach ist jedoch Mathematik. »Jetzt kann ich endlich mein Geld zählen«, sagt Mzee Kimani stolz. »Das geht ganz schnell in den Kopf.« Lesen und rechnen zu können, das reicht ihm jedoch nicht. Nach seinem Schulabschluss will er an der Universität in Nairobi studieren und Tierarzt werden, damit er seine Kühe selbst behandeln kann.

Für den alten Mann ist es die späte Erfüllung eines Lebenstraums. Während seiner Kindheit gab es so gut wie keine Schulen in der britischen Kolonie, für den Erwachsenen standen natürlich andere Pflichten im Vordergrund. »Außerdem hätte ich mich im Dorf und gegenüber der Familie lächerlich gemacht«, erklärt Kimani Nganga Murage achselzuckend. »Und nicht zuletzt waren die Schulgebühren unerschwinglich.« Als aber die kenianische Regierung Anfang 2004 die Gebühren abgeschafft hatte, war es ihm egal, was die Leute sagen würden. Er machte sich auf den Weg zur Kapkenduiywa Schule, wo Jane Obinchu die Flut der Neuanmeldungen kaum bewältigte.

»Die meisten kenianischen Familien konnten sich das Schulgeld nur für ein oder zwei Kinder leisten, aber nun herrschte Chancengleichheit«, erklärt die Direktorin. »Statt siebenhundert Kindern quetschten sich tausendeinhundert hier in die Klassenräume. Anfangs mussten die Lehrer sogar im Schichtbetrieb Unterricht halten.« Rund zwei Millionen zusätzliche Kinder besuchten von heute auf morgen die achtzehntausend Grundschulen des Landes. Aber woher sollte das Geld für Bücher, neue Klassenräume und zusätzliche Lehrer kommen? Das Weltkinderhilfswerk UNICEF und einige Entwicklungshilfeorganisationen sprangen helfend ein, denn die kenianische Regierung hatte ihre Hausaufgaben nur mangelhaft erledigt.

Für Jane Obinchu aber stand die Lösung ihrer Probleme plötzlich vor ihrem Schreibtisch. Der wissensdurstige alte Mann sollte sich als Lotteriegewinn erweisen. Sie rief einen Lokalreporter der *Daily Nation* in Eldoret an, am nächsten Tag stand die Geschichte von Mzee Kimani auf Seite eins der Zeitung. Dann stürzten sich die internationalen Medien auf den »ältesten Grundschüler der Welt« und lösten eine Lawine der Hilfsbereitschaft aus. Stolz macht die Schulleiterin heute eine Führung durch das neue Unterrichtsgebäude, präsentiert die modernisierte Schulküche und das gemauerte Toilettenhäuschen. Eine deutsche Organisation spendete Kimani Nganga Murage ein Hörgerät.

Schließlich spannte Kenias Präsident Kibaki den Musterschüler vor seinen Karren. Erst ließ er ihn in die Hauptstadt einfliegen, um sich mit ihm am Nationalfeiertag fotografieren zu lassen. Dann nahm der

Präsident Mzee Kimani sogar mit nach New York, wo er vor der UN-Vollversammlung mit dem alten Mann um mehr Geld für die Bildung der Armen in Kenia bettelte.

Die Kinder an der Kapkenduiywa Primary School gewöhnten sich schnell an ihren ungewöhnlichen Mitschüler. So schwer war das auch wieder nicht. Denn insgesamt fünf seiner Enkel besuchen die Schule, mit der zwölfjährigen Lea Njoki geht Kimani sogar in eine Klasse. Sie findet es toll, dass der Großvater so ehrgeizig mitmacht: »Morgens ist er immer der Erste, der aufsteht, uns weckt und dafür sorgt, dass wir pünktlich sind. Dafür helfe ich ihm nachmittags bei den Hausaufgaben.«

Überhaupt können die Mitschüler auch eine Menge von dem altern Herrn lernen. Nie war der Geschichtsunterricht spannender. Lehrer der höheren Klassen »leihen« sich den weisen alten Mann gern als eine Art Gastreferenten aus. »Schließlich habe ich vor ungefähr fünfzig Jahren gegen die Briten für unsere Freiheit und Unabhängigkeit gekämpft. Ich kann den Kindern alles über die Geschichte Kenias erzählen«, betont Mzee Kimani.

Welche Tricks ein erfahrener Untergrundkämpfer in seinem Repertoire hat, das zeigt sich erst im Sportunterricht auf der großen Wiese hinter dem Schulgebäude. Da humpelt der listige Alte am Stock beim Wettrennen den anderen scheinbar hoffnungslos hinterher. Aber wenn der Pfiff des Lehrers zur Wende kommt, dann ist Kimani Nganga Murage plötzlich ganz vorne und reißt im Ziel als Sieger die Arme triumphierend in die Höhe.

»Mzee« Kimani Nganga Murage starb im August 2009 in Nairobi. Mehrere Tausend Trauergäste bereiteten ihm

ein Heldenbegräbnis auf seiner Farm in Subukia in der Nähe der Bezirksstadt Eldoret in Westkenia.

Anfang 2008, während der blutigen Unruhen nach den gefälschten Präsidentschaftswahlen, wurde er überfallen, ausgeraubt und von seinem Hof vertrieben. Etwa ein Jahr lebte er in einem Zelt in einem Flüchtlingslager. Als die Schulen wieder öffnen konnten, nahm auch Kimani wieder am Unterricht teil. Täglich bewältigte er den Fußweg von fünf Kilometern zwischen Camp und Schule.

Dann aber zwang ihn eine Krebserkrankung, in ein Altersheim nach Nairobi zu ziehen – dort erreichte er noch seine Versetzung in die sechste Klasse.

Heute steht Kimani Nganga Murage als »ältester Grundschüler der Welt« im Guinness Buch der Rekorde. Außerdem wird seine Lebensgeschichte für das Kino verfilmt. Ein Hollywood-Produktion unter dem Titel »The First Grader« ist in Arbeit.

Prada für Peanuts

Modische Altkleider aus Übersee überschwemmen die Secondhandmärkte – zur Freude der Leute und zum Leid der heimischen Textilindustrie

Wie ein Schatzsucher macht sich Godfrey Kodoli über einen riesigen Wühltisch her und hält ein altrosafarbenes Oberhemd prüfend gegen die Sonne. »Ich suche Hemden für meine beiden Söhne und mich«, erzählt der Dreiundvierzigjährige. Das gute Stück in Altrosa ist wieder im Haufen verschwunden, stattdessen hält er sich nun ein blau-weiß kariertes gegen die Brust. Godfrey Kodoli arbeitet in einer Reifenfabrik, wohnt in einem der Slums der Millionen-Metropole Nairobi und muss jeden Cent zweimal umdrehen. Siebentausendfünfhundert Schilling verdient er im Monat, das sind rund siebzig Euro. »Das reicht kaum, um die Familie zu ernähren«, sagt Godfey. »Kleidung kann ich mir nur hier auf dem Secondhandmarkt leisten.«

Er findet schließlich, wonach er gesucht hat, und reicht dem Verkäufer zweihundertfünfzig Schilling. Drei fast neue Hemden für zweieinhalb Euro. Kein schlechter Deal. Händler Godwin George steckt die Scheine in seine Hosentasche. Er hockt im Schneidersitz auf seinem Wühltisch, versunken in einem Meer von Oberhemden. »Das dürften ungefähr dreitausend Stück sein«, schätzt er. »An guten Tagen verkaufe ich zweihundert Hemden, an schlechten vielleicht nur zehn.« Seine Kunden kommen von überall her: »Hausfrauen und Bankangestellte kaufen hier ein, viele Studenten und manchmal sogar wirklich reiche Leute.«

Wo die Straßen immer enger werden und nur noch aus Schlaglöchern und Müll bestehen, da ist Gikomba, eines der großen Armenviertel in der Nähe des Nairobi River. Hoffnungslos überbevölkert, staubig und heiß, hektisch und laut. Dennoch ist Gikomba eine der ersten Adressen der Stadt. Ein Open-Air-Einkaufsparadies für Millionen, einer der größten Gebrauchtkleidermärkte Afrikas, ein Labyrinth aus Textilien. Von meterhohen Holzrahmen und Seilsystemen flattert es kariert, gestreift und bunt gemustert. Ein Himmel voller Jacken, Hosen und Kleider, Röcke, Blusen, T-Shirts und Schuhen. Ein Jahrmarkt der Eitelkeiten aus zweiter Hand. Dicht gedrängt schieben sich Kunden durch die verwinkelten Gassen, Händler preisen ihre Ware an und locken mit Billigangeboten: »Come, come. I make you a good price.«

Mitumba lautet die Zauberformel für die Altkleider aus Übersee. Übersetzt heißt das Swahili-Wort »Ballen«. Denn die Ware kommt gepresst und in mit Plastik verschweißten Ballen auf die afrikanischen Märkte – jeder etwa so groß und so schwer wie drei Kasten Bier. Für einen *Mitumba*-Ballen mit rund zweihundert Hemden zahlt Godwin George knapp hundert Euro an seinen Großhändler.

In der Nähe von Godwins Wühltisch entladen mehrere schwitzende Männer einen Lastwagen, schultern die Ballen und wuchten sie durch eine enge Gasse in eine große Lagerhalle. *Mitumba* so weit das Auge reicht. Kleiderballen bis unter die Decke gestapelt, beschriftet und nach Inhalt sortiert: Wintermäntel, Anzüge, Fußballtrikots, Bettwäsche, sogar Kuscheltiere. Mittendrin steht ein Mann und versucht wie ein Dirigent, Ordnung in das scheinbare Chaos zu bringen. »Ich importiere aus der ganzen Welt«, erzählt Joseph Nganga. »Meine Ware kommt aus Amerika, England, Australien oder Belgien.« Eigentlich habe er überhaupt keine Zeit, sagt Nganga und lässt sich doch hinter dem wackligen Schreibtisch in seinem winzigen Büro auf einen Stuhl fallen. »Mein Container aus Mombasa ist heute Morgen angekommen. Deswegen ist hier so viel los.«

Pausenlos liefern Männer Bündel mit Geldscheinen bei ihm ab, die Nganga scheinbar achtlos in eine Schublade wirft. Er sei mit einem Vierzig-Fuß-Container pro Monat nur »ein ganz kleiner Fisch«, sagt der Großhändler. Die Schifffahrtslinien gehen davon aus, dass allein im Hafen von Mombasa jeden Monat mindestens fünfhundert Container mit Altkleidern einlaufen – das sind mehr als zehntausend Tonnen. Den gesamten Import kontrollieren nur wenige ganz große Tiere. »Da gibt es Giganten, die holen im Monat mindestens zwanzig Container herein«, sagt Joseph Nganga geradezu ehrfurchtsvoll. »Leute wie Gideon Moi zum Beispiel, der Sohn des ehemaligen Präsidenten.« Von Kenia aus wird die Ware weiterverkauft bis nach Uganda, Ruanda, Burundi, den Sudan und Äthiopien.

Wer heute noch glaubt, den armen Afrikanern zu helfen, wenn er den eigenen Kleiderschrank ausmistet, der liegt zumindest ein bisschen schief. Was die Wohlstandsgesellschaften in Europa in den Altkleidersack stecken, das wird zwar überwiegend immer noch von Hilfsorganisationen eingesammelt, dann aber an Großhändler verkauft. Die leiten die Ware meistens an große Sortierwerke in Italien weiter. Was dort nicht geschreddert und zu Putzlappen verarbeitet wird, landet – noch einmal sortiert – auf den Altkleidermärkten, erklärt ein Mitarbeiter des

Münchner Großhändlers Wittmann. »Die A-Qualität geht nach Osteuropa, minderwertige B-Ware landet in Afrika.«

Für einen gut zwanzig Tonnen schweren Container, der einer karitativen Organisation bei einer Altkleidersammlung in Deutschland vom örtlichen Großhändler etwas mehr als tausend Euro einbringt, zahlt der Großhändler in Kenia rund fünfundzwanzigtausend Euro. Und bis die Ware dann über den Einzelhändler beim Kunden landet, fallen insgesamt noch einmal zweihundert Prozent Gewinn ab.

Ein Riesengeschäft für viele, sehr zum Leidwesen der kenianischen Textilindustrie. Hundertdreißig Betriebe hätten in den letzten Jahren schließen müssen, sagt William Akech, der Generalsekretär der Textilarbeiter-Gewerkschaft: »Die Industrie ist zusammengebrochen. Die Zahl der Arbeitsplätze von siebzigtausend auf nur noch etwa zehntausend geschrumpft.« Das liegt allerdings weniger an der Konkurrenz aus zweiter Hand, sondern an Korruption, Missmanagement und an den Ansprüchen der Kundschaft, räumt Akech ein. Tatsächlich sei die Qualität der Secondhandware oft besser als die der heimischen Industrie.

Gleichzeitig hat sich *Mitumba* selbst zu einer Branche mit mehreren Tausend neuen Jobs entwickelt: vom Hafenarbeiter über Zollagenten, Packer, Spediteure, Lastwagenfahrer bis zum Verkäufer. Auch die Schneiderin Alice Mukundi verfolgt die Entwicklung relativ gelassen. Sie hat in Nairobi einen kleinen Betrieb mit acht Mitarbeitern und spürt die Veränderung jeden Tag. »Wir haben kaum noch Kundschaft, die ein Kostüm oder einen Maßanzug in Auftrag gibt«, sagt Alice. »Aber dafür kommen immer mehr Kunden mit ihren Altkleidern von den

Mitumba-Märkten und lassen sie bei mir ändern.« Verschlechtert hat sich ihr Umsatz jedenfalls nicht.

Sorgen um die wirtschaftliche Entwicklung Kenias macht sich der Textilfabrikant Permod Malhotra: »Es ist natürlich verlockend, sich billig einzukleiden. Aber qualifizierte Arbeitsplätze entstehen nur, wenn die Kleidung hier im Land produziert wird.« Denn vom Geschäft mit den Altkleidern profitiert nur der informelle Sektor, die Schattenwirtschaft. »Das ist ein sehr undurchsichtiges Gewerbe. Der Staat nimmt keine Steuern ein. Und es schadet der Wirtschaft, weil Gikomba nichts anderes als ein riesiger Schwarzmarkt ist«, sagt Malhotra. Der mittelständische Unternehmer stellt Freizeitbekleidung für den touristischen Markt und für den Export her und beschäftigt hundertfünfzig Mitarbeiter. Achselzuckend gibt Malhotra aber zu, dass *Mitumba* auch vor der eigenen Haustür nicht Halt macht: »Viele Freunde, sogar die eigene Familie, tragen moderne Markenkleidung. Und wenn ich meine Frau frage, wo kommen die Sachen her, dann bekomme ich nur ein verschwiegenes Lächeln zur Antwort.«

Die Medizinstudentin Esther Mwema ist Stammkundin auf dem Markt in Gikomba. »Ich suche eine Jeanshose. So eine Hipster, die die Hüften freilässt.« Die Einundzwanzigjährige hält gerade eine Gucci-Jeans in der Hand. Die Größe müsste stimmen, und für knapp fünf Euro wechselt das edle Stück den Besitzer. Damit kann sich Esther überall sehen lassen – ob an der Universität oder in der Diskothek. »Zu den Jeans gehört jetzt noch ein Tumba-cut, ein bauchnabelfreies Träger-Shirt«, sagt Esther. »Mal sehen, ob ich was finde.« Ihr Freund Steve war unterdessen ebenfalls erfolgreich und zeigt ihr seine schwarz-gelbe Beute: Ein original Fußballtrikot des Bundesligisten Borussia Dortmund.

Der afrikanische Aschenputtel-Look (schlecht sitzende, triste und qualitativ minderwertige Textilien aus heimischer Produktion) ist passé, seitdem Kino und Satellitenfernsehen den Kenianern zeigen, was weltweit in Sachen Mode angesagt ist. MTV und das amerikanische Style Network gehören zu den beliebtesten Sendungen. »In den Filmen sehen die Jugendlichen in den USA immer so cool aus«, sagt Esther. »Also suche ich hier auf dem Markt die gleichen Sachen.«

Mitumba ist längst nicht mehr eine rein afrikanische Angelegenheit, die Mega-Wühltische für die Armen genießen auch in den weißen Kreisen der kenianischen Hauptstadt eine Art Kultstatus. Selbst ängstliche Diplomatengattinnen sollen sich gelegentlich, von ihren Chauffeuren begleitet, auf Abenteuer- und Schnäppchenjagd machen. Im Getümmel von Gikomba haben sich gerade zwei junge Blondinen unters Volk gemischt: Zakia, Elftklässlerin an der Deutschen Schule Nairobi, und die Praktikantin Anna. »Das ist völlig irre. Du findest hier Klamotten von Prada, Ralph Lauren oder Tommy Hilfiger für Peanuts«, schwärmt die Praktikantin. »Ich habe mir gerade einen Rock gekauft und runtergehandelt von sechshundert auf zweihundertfünfzig. Ist das nicht geil?«

Die Mädchen sind mit Zakias älterem Bruder Christian unterwegs. Die Händler in Gikomba kennen den neunzehnjährigen Deutschen, der mit seiner Familie in Nairobi lebt. Jeden zweiten Freitag zieht Christian über den Markt und kauft Fußball- und Rugbytrikots für etwa fünf Euro das Stück ein. Zu Hause gewaschen und fotografiert, versteigert er sie anschließend für fast den dreifachen Preis bei *Ebay*. Weltweit. So schließt sich der Kreis.

Von Brüderlichkeit bis Vetternwirtschaft

Sind Kenias Premierminister Raila Odinga und US-Präsident Barack Obama wirklich Verwandte?

»Obama, Sohn unseres Volkes. Freund und Bruder, der sich zu seinen Wurzeln in Kenia bekennt.« Der Musiker Onyi Papa Jey singt diese Lobeshymne. Obama-Songs, Huldigungen des Bruders im fernen Amerika haben Hochkonjunktur zwischen Viktoriasee, Mount Kenya und dem Indischen Ozean. Obama-Porträts auf Häuserwänden und Bussen, Bruder Barack auf T-Shirts und Wickelröcken gedruckt.

Das Epizentrum der »Obamania« liegt in Kogelo, einem Dorf in der Nähe des Ostufers des Viktoriasees. Dort lebt seit siebenundachtzig Jahren Sarah Auyango Obama, die Großmutter des gewählten US-Präsidenten. Unmittelbar nach dessen Sieg hat Kenias Premierminister Raila Odinga gut gelaunt Oma Sarah seine Aufwartung gemacht und ihr im Beisein von deutschen Journalisten ein Ständchen gebracht. »She's meine Oma. Meine Oma fährt im Hühnerstall Motorrad. She's a ganz moderne Frau.«

Ende des Jahres 2007 – unmittelbar nach dem kenianischen Wahlchaos und den bürgerkriegsähnlichen Unruhen – hat der in Magdeburg zum Maschinenbau-Ingenieur ausgebildete Odinga noch Wetten darauf angenommen, dass er der erste Luo-Präsident der Welt würde, dann ist es Barack Obama in den USA geworden. Die Luo sind eine große Volksgruppe auf der kenianischen Seite des Viktoriasees. Baracks Vater war Luo. Also weist der Kenianer Odinga nun stolz auf seine Verwandtschaft zum Amerikaner Obama hin: »Meine Mutter ist nicht nur Luo, sondern sie gehört zum Alego-Clan. Ich komme gerade von einer Familienfeier mit meinen Geschwistern, Onkeln und Tanten nur einen Steinwurf entfernt.«

Barack Hussein Obama, der Vater, hat als Kind die Ziegen der Familie gehütet, bevor er 1959 mit einen Stipendium in den USA landete. Dort lernte Obama Senior ein Mädchen aus Kansas kennen, das kurz darauf den gemeinsamen Sohn Barack zur Welt brachte. Lange hat er es nicht bei Frau und Kind ausgehalten. Zurück in Kenia kam der Vater 1982 bei einem Verkehrsunfall ums Leben und liegt heute – der Tradition der Luo entsprechend – auf dem Hof von Oma Sarah in Kogelo begraben.

Dass das Verhältnis der Odingas und der Obamas mehr als nur eine politische Verwandtschaft ist, unterstreicht auch Railas Bruder Oburu Odinga: »Weil Obamas Vater und unsere Mutter Alegos sind, ist Barack unser Vetter. Aber entsprechend unserer Tradition sind wir Brüder. Ich selbst habe ihn erst bei seinem letzten Kenia-Besuch kennengelernt, aber mein Bruder Raila und Barack pflegen einen sehr engen Kontakt.«

Es ist gar nicht so einfach, die verwandtschaftlichen Beziehungen des Luo-Volkes und seiner vielen Clans und Unter-Clans zu begreifen, räumt Isaiah Okoth ein. »Unter bestimmten Voraussetzungen gelten Onkel bei uns als Väter und Vettern als Brüder. Der Begriff Geschwister hat in unserer Kultur und Sprache eine viel breitere Bedeutung. Geschwister sind demnach alle Männer und Frauen, die zu einem Sub-Clan gehören.« Das können bei einem einzigen Unterstamm durchaus zweihunderttausend Personen sein, die wiederum in Untergruppen und Stufen eingeteilt sind. »Darunter gibt es dann Kinder aus der weitläufigen Verwandtschaft, die meinem Vater zugeteilt sind, die ich dann als Geschwister betrachte. Und das können durchaus etwa fünfzigtausend sein.«

Isaiah Okoth ist in der Tradition seines Volkes groß geworden, führt selbst aber ein modernes Leben. Aufgewachsen am Viktoriasee, hat der Achtundvierzigjährige in Deutschland studiert und arbeitet heute in der Hauptstadt Nairobi als Software-Entwickler. Es sei erstaunlich, wie genau die Leute ihre verwandtschaftlichen Verbindungen und ihre Vorfahren kennen. Auch ohne Meldepflicht, Geburtsregister oder andere schriftliche Aufzeichnungen, sagt Isaiah Okoth: »Die Leute haben nichts aufgeschrieben und keine Stammbäume gezeichnet, wussten aber trotzdem genau Bescheid. Mein Opa zum Beispiel konnte die Namen und Verwandtschaftsverhältnisse von etwa zwanzig Generationen aus dem Gedächtnis aufzählen.«

Die Strukturen innerhalb der verschiedenen Clans und die Hierarchien in den Familien werden bei den Luo bis heute stark gepflegt, sagt der Politiker Oburu Odinga. Viele der Regeln hätten ihre Wurzeln in der patriarchalischen Gesellschaft. »Mein Vater hatte drei Ehefrauen, mit denen er entsprechend unserer Kultur offiziell verheiratet war. Eine vierte Frau hat er von einem seiner Cousins geerbt. Mit meiner Mutter hatte er neun Kinder, mit allen Frauen insgesamt siebzehn.«

Oburu Odinga ist promovierter Wirtschaftswissenschaftler, Parlamentsabgeordneter, Staatssekretär im Finanzministerium, vor allem aber ältester Sohn von Jaramogi Oginga Odinga, Held im Befreiungskampf Kenias, Weggefährte und Rivale von

Staatsgründer Jomo Kenyatta und erster Vizepräsident nach der Unabhängigkeit des Landes. »Als mein Vater starb, habe ich als Ältester seinen Platz übernommen«, erklärt der Sechsundsechzigjährige. »Ich bin als Familienoberhaupt für alle verantwortlich und muss alle Geschwister gleich und gerecht behandeln. Sie sind alle meine Brüder und Schwestern.«

In der politischen Hierarchie steht der ein Jahr jüngere Premierminister Raila Odinga über dem Staatssekretär Oburu. Aber in der Familie gelten andere Gesetze. »Natürlich respektiere ich seine übergeordnete Stellung innerhalb der Regierung, aber zu Hause steht er unter mir.« Bei den regelmäßigen Familientreffen ist Raila einer von vielen, der ältere Oburu sitzt als Vorsitzender am Kopf des Tisches. »Er kann seine Meinung sagen, aber am Ende des Tages gilt meine Entscheidung.«

Der Vater von Isaiah Okoth war ein wohlhabender Geschäftsmann, der von seinen drei Frauen insgesamt zwanzig Kinder hatte. Er sei einerseits ein moderner Mann gewesen, der schon sehr früh ein Auto besaß, aber zu Hause hätten die strengen Regeln des Luo-Volkes gegolten. Für den jungen Isaiah war das offenbar nie ein Problem: »Eigentlich waren alle Kinder immer zusammen. Und es war immer eine Mutter dabei. Aber es spielte keine Rolle, ob das nun meine leibliche Mutter war oder deine. Und wir haben unsere Brüder und Schwestern auch nicht als Stiefgeschwister betrachtet, sondern als Geschwister. Da gab es keine Unterschiede. Denn wir sind nicht die Kinder von irgendeiner Mutter, sondern wir sind die Kinder von Okoth. Was zählt, ist einzig und allein die Frage ›wer ist der Vater‹.«

Isaiah, der Zweitgeborene, betont, dass er bis

heute ein sehr freundschaftliches Verhältnis zu seinen Geschwistern pflegt. Allerdings kann die Hierarchie unter den Brüdern auch ihre Tücken haben. »Wenn es zum Beispiel darum geht, ein Haus zu bauen, dann muss mein ältester Bruder zuerst bauen, um den jüngeren den Weg frei zu machen, damit wir auch bauen können. Oder wenn es ums Heiraten geht, auch dann muss der Älteste vorangehen, damit sich die anderen auch Frauen nehmen können.«

Das kann für den Ältesten aber auch die Lizenz zum Faulenzen und Potenzial für tiefe Familienkonflikte sein, räumt Isaiah Okoth ein: »Da ist es in vielen Fällen durchaus passiert, dass der Bruder sich praktisch auf die faule Haut legt und sagt: ›Wenn ihr kein Haus für mich baut, dann baut ihr auch keins für euch selbst. Und wenn ihr mir keine Kühe gebt, damit ich heiraten kann, dann bleibt ihr eben auch Junggesellen.‹«

Bei Isaiah Okoth war jedoch alles ganz anders. Schließlich war er es, der die familiären Bindungen und die Clan-Hierarchie hinter sich gelassen, der in Deutschland studiert und dort seine Frau Elke geheiratet hatte. Vor mehr als zwanzig Jahren waren sie sich in einer Augsburger Studentenkneipe über den Weg gelaufen. »Die Kenianer waren ja die Einzigen, die getanzt haben«, erinnert sich Elke Okoth.

Der erste Kontakt mit Afrika, mit den Verwandten im Luo-Land, traf sie dann wie ein Schock. Kaum in Nairobi gelandet, erhielten sie die Nachricht vom plötzlichen Tod von Isaiahs Mutter. Aus der offiziellen Einführung in die Familie wurde eine Beerdigung. »Das war für mich natürlich ein gewaltiger Kulturschock. Diese Frauen, die dann ja alle so schreien, die schreien und schreien. Du kommst da rein, die kommen alle schreiend auf dich zu, und du weißt erst mal gar nicht, was los ist«, erinnert sich Elke daran, wie sie das Grundstück der Familie in Kisumu betrat. Sie wurde sofort von Isaiah getrennt und mit den Frauen der Familie in eine der Hütten gebracht. Schwestern und Schwägerinnen mussten gemeinsam Rituale ausführen, an die sich Elke Okoth nur noch vage erinnert. »Also ich weiß noch eins, wir mussten alle zusammen eine gewisse Zeit schweigend im Haus seiner verstorbenen Mutter liegen.«

Frauen und Mädchen spielen in der patriarchalisch-polygamen Gesellschaft der Luo ohnehin eine eher untergeordnete Rolle. Die Tradition der Witwenvererbung, die auch in der Familie der Odingas bis zuletzt gepflegt wurde, ist ein typisches Beispiel dafür. »Die männlichen Verwandten, die Brüder und Vettern des Verstorbenen, bemühen sich darum, die Witwe zu erben. Die Frau kann sich dann einen von ihnen aussuchen«, erklärt Oburu Odinga. Für die Witwe gehe es dabei um soziale Sicherheit. »Aber der neue Mann kann mit ihr Kinder zeugen. Und die erben dann später das Vermögen des Verstorbenen.«

Ein Ritual, das der Witwenvererbung vorausgeht, heißt *Chodo Okola*, das »Durchtrennen der Nabelschnur«. Die Frau muss Geschlechtsverkehr haben, damit der Todesfluch des Verstorbenen auf den ersten neuen Sexualpartner der Witwe übergeht. Da aber die Geschwister des Toten den Fluch nicht auf sich laden wollen, gibt es professionelle Witwenerben, die den Job gegen Honorar machen.

Doch in den Zeiten von Aids verliert das Ritual allmählich an Bedeutung. Die Nyanza-Provinz, die Heimatregion des Luo-Volkes, leidet seit Jahren unter den höchsten HIV-Raten Kenias. »Deshalb erledigt auch der Profi heute seinen Job oft nur noch symbolisch«, sagt Isaiah Okoth. »Der Mann übernachtet im Haus der Witwe, ohne dass es zu sexuellem Kontakt kommt, geht am nächsten Tag wieder weg, und das Ritual gilt als vollzogen.« In seiner Familie gehört die Witwenvererbung seit dem Tod des Vaters der Vergangenheit an. Das war vor elf Jahren. »Keine meiner Mütter und Stiefmütter ist danach vererbt worden. Und damit war die Tradition in unserer Familie gestorben. Aus und vorbei.«

Elke Okoth muss sich also keine Sorgen darüber machen, was ihr bevorstehen würde, falls Isaiah sterben sollte. Die Lehrerin nimmt das heikle Thema inzwischen mit Humor. »Ich glaube, so weit wird's nicht kommen. Als Europäerin bin ich da ohnehin etwas außen vor.« Dann lacht sie laut auf und schaut zu ihrem Mann herüber. »Aber mein Lieblingsschwager wäre hier in Nairobi. Isaiahs Bruder, der hier ein Geschäft hat.«

Wer gehört wem, wem gehört was, wer muss mit wem teilen und wer profitiert von wem? Das sind Fragen, die in den afrikanischen Gesellschaften bis heute von höchster Wichtigkeit sind. Brüder halten die Familie zusammen, die Ältesten versorgen ihren Clan, der Häuptling ist für das ganze Volk verantwortlich. Der Staatspräsident ist der oberste Häuptling eines Landes. Ihm gehört alles.

Aus brüderlicher Solidarität ist jedoch Vetternwirtschaft geworden, aus Fürsorge Korruption. Das räumt auch Staatssekretär Oburu Odinga ein, aber es betrifft natürlich nur die anderen. »Als Kenyatta Präsident war, saßen die Kikuyu an den Fleischtöpfen, unter Präsident Moi waren es die Kalenjin. Und dann sagen die anderen, jetzt lasst unseren Mann nach oben, jetzt sind wir an der Reihe, uns satt zu essen.« Er selbst habe ganz ohne fremde Hilfe politisch Karriere gemacht, behauptet Oburu Odinga. »Mein Bruder Raila musste mich nicht unterstützen, er hat nicht ein einziges Mal Wahlkampf für mich gemacht. Und allen Leuten, die das Gegenteil behaupten, sage ich, dass solche Unterstellungen nicht wahr sind.«

Das heute in Kenia allgegenwärtige Übel der Korruption und Vetternwirtschaft erklärt Isaiah Okoth aus uralter Tradition: »Wenn ich eine gehobene Position innehabe und viel Geld verdiene, dann ist das genau so, als wäre früher jemand auf die Jagd gegangen und hätte Beute gemacht. Nach afrikanischer Tradition muss ich die Beute mit der Familie und dem Dorf teilen. Also ist heute der Minister verpflichtet, seine Beute zu teilen. Er muss sein Amt, seinen Einfluss geschickt nutzen, um seine Angehörigen und Anhänger zu versorgen. Er beutet also den Staat für sich und seine Leute aus.«

Bei den Okoths war es Isaiah, der es geschafft hatte. Der Bruder in Deutschland, der alles kann und alles hat, der verantwortlich ist und jedem jeden Gefallen tun muss. Diese Ansprüche der Verwandtschaft haben ihre Liebe und ihre Ehe auf manche harte Probe gestellt, sagt Elke Okoth: »Das ist sehr gewöhnungsbedürftig für jemanden, der in Deutschland in einem Sozialstaat aufgewachsen ist. Da versucht man, sich als junge Familie eine Existenz aufzubauen, und dann kommt der Bruder, der jetzt eine Kuh braucht, oder der andere Bruder, der Cousin, der heiraten will, oder jemand anders braucht Unterstützung, weil jemand gestorben ist. Ständig wurde geschrieben und telefoniert und jedes Mal erwartet, dass wir etwas schicken. Wir haben uns oft heftig gestritten.« Der Kompromiss:

Isaiah und Elke, die reichen Verwandten, erklären sich bereit, die Schulausbildung für die Nichten und Neffen zu übernehmen. »Aber damit war dann auch Schluss.«

Gut fünfunddreißig Millionen Kenianer haben nun einen, den sie alle ihren Bruder nennen. Barack Obama, der Verwandte in Amerika, der Mann mit den unbegrenzten Möglichkeiten, der Häuptling, der nun seine Beute mit allen teilen muss. In Kogelo, dem kleinen Dorf im Luo-Land am Viktoriasee, sind die Zeichen des Aufschwungs nicht zu übersehen. Auf dem Dach von Oma Sarahs kleinem Häuschen glänzen neuerdings Solarzellen, und neben dem großen Mangobaum hat sie einen eigenen Brunnen mit Dieselpumpe. Vor allem aber hält ein hoher Zaun lästige Besucher und Bittsteller ab. Einer ist allerdings stets herzlich willkommen, Kenias Premierminister Raila Odinga, der sich noch einmal lauthals in die Brust wirft: »She's meine Oma. Meine Oma fährt im Hühnerstall Motorrad. She's a ganz moderne Frau.«

Das Schlitzohr aus dem Kibagare-Slum

Der zwölfjährige Überlebenskünstler Albert Njoroge verdient den Lebensunterhalt der Familie

Können diese Augen lügen? Traurig senkt der Junge seinen Blick auf seine zu großen Plastiklatschen und blinzelt durch die langen Wimpern. Nur der Hauch eines Lächelns zuckt um die Mundwinkel. Im diesem Moment weiß er, dass er gewonnen hat. Albert heiße er, Albert Njoroge. Zwölf Jahre alt sei er, und: »Ich habe Hunger.« Der schmächtige Kerl sieht eher aus wie acht. Das schmutzige rote T-Shirt ist ihm viel zu groß, zwei spindeldürre Beine wachsen aus der schlotternden kurzen Hose. Mit dem Arm wischt er sich den Rotz von der Nase und grinst über das ganze Gesicht. Zehn Sekunden, die Türen und Herzen öffnen.

Albert steht vor einem hohen Gittertor aus Eisen. Dahinter kommt ihm eine weiße Frau aus einem eleganten Haus entgegen, durchquert den riesigen Garten mit Palmen, Bougainvillea-Hecken, Swimmingpool und einem Meer aus Blumen. In den Händen hält sie eine Plastiktüte. Ein uniformierter Wachmann öffnet das Eisentor, und die Frau begrüßt den wartenden Jungen. »Schau mal, Albert«, sagt sie und hält ihm die Tüte hin. »Heute gibt es Brot, Milch, und sogar ein bisschen Schokolade. Und außerdem habe ich dir ein Handtuch und Seife eingepackt. Da kannst du dich mal wieder waschen.« Albert untersucht neugierig den Inhalt der Tüte und hat es plötzlich sehr eilig. »Und wie heißt das Zauberwort«, bremst die Frau den Jungen ab. »Danke, und Gott segne dich«, sagt Albert, schwingt die Tüte über die Schulter und macht sich mit federndem Schritt aus dem Staub.

Albert Njoroge wohnt im Kibagare-Tal, einer kleinen Hüttensiedlung neben einigen von Büschen überwucherten Bauruinen. Im Kibagare-Tal ist der Unterschied zwischen Arm und Reich besonders gut zu erkennen. Auf der einen Seite des Bachlaufs die winzigen Slum-Hütten aus Brettern, Wellblech, Lehm und Plastikplanen, nur ein paar Hundert Meter Luftlinie weiter auf der anderen Seite die schwer bewachten Villen in üppigen Gärten. »Green city in the sun«, die grüne Stadt im Sonnenschein, so heißt Nairobi in Tourismus-Prospekten und Reiseführern. Albert Njoroge lebt auf der Schattenseite.

»Manchmal werde ich auch verjagt«, erzählt Albert. »Dann schimpfen die Wachmänner und sagen: ›Mach, dass du wegkommst. Go, go, go.‹« Aber heute hat sich der Besuch in der Welt der Reichen gelohnt. Maismehl, Bananen und Margarine hat er noch bei anderen Leuten in der Nachbarschaft abgestaubt. Das dürfte für die nächsten Tage reichen, meint er. Albert ist ein perfekter Bettler: ein charmantes kleines Schlitzohr, das lustige Geschichten erzählen kann und im nächsten Moment mit großen, traurigen Augen um Hilfe bittet.

Vor zwei Jahren sind Alberts Eltern gestorben. »Ja, das ist wahr. Ganz ehrlich«, sagt er bestimmt. »Sie haben Changaa getrunken. Das ist selbst gebrannter Schnaps. Das Zeug war giftig, sie sind umgefallen und nicht wieder aufgestanden.« Danach lebte Albert eine Zeit lang auf der Straße. Mal habe er in einer der Bauruinen mit anderen Kindern übernachtet, sagt er, mal in einem Unterstand einer Kaffeeplantage und auch mal unter einer Plastikplane neben dem Wayaki Way, der sechsspurigen Autobahn, die Nairobi zerschneidet.

Wie viele Straßenkinder es in Nairobi gibt, weiß niemand genau. Rund sechzigtausend sagen die einen, vielleicht hunderttausend oder mehr, mutmaßen andere Experten. Die Regierung von Präsident Mwai Kibaki schien das Übel erkannt zu haben und bei der Wurzel packen zu wollen. Kurz nach der Machtübernahme kündigte er ein Programm zur Betreuung und Wiedereingliederung der Straßenkinder der Hauptstadt an. Die Jungen und Mädchen sollten ein Dach über dem Kopf bekommen, ordentliche Kleidung, genug zu essen und medizinische Betreuung. Vor allem aber sollten sie in Berufsbildungszentren fit gemacht werden für ein selbständiges Leben.

Bei den internationalen Hilfsorganisationen rannte die Reformregierung offene Türen ein. Am Geld sollte es nicht scheitern, Wohnheime zu bauen, Lehrer und Sozialarbeiter einzustellen. Und tatsächlich – die Wirkung blieb nicht aus! Die kleinen Bettler am Straßenrand, Klebstoff schnüffelnde Halbstarke und Kinderprostituierte, waren über Nacht von der Bildfläche verschwunden.

Komisch nur, dass sie – trotz der Erfolgsmeldungen in den kenianischen Medien – nach ein paar Monaten alle wieder da waren: die Jungs, die in Westlands Erdnüsse in kleinen Spitztüten aus Papier verkaufen oder fein herausgeputzt in Schuluniformen und mit verdammt echt aussehenden Beglaubigungsschreiben Spenden sammeln. Auch die zerlumpten Kinder, die an der Mombasa Road mit vermeintlich Blinden an der einen und klappenden Blechnäpfen an der anderen Hand Autofahrer im

Stau um Almosen bitten. Und die zwölf- bis fünfzehnjährigen Mädchen, die an der Koinjange Street auf den Strich gehen, standen wie zuvor aufgekratzt winkend an der Bordsteinkante.

Was war passiert? Fantasievolle Regierungsbeamte und Parlamentsabgeordnete hatten das Projekt leicht modifiziert: Sie versorgten eigene Günstlinge mit den begehrten Ausbildungsplätzen und verteilten kleine Geschenke in ihren Wahlkreisen. Unterdessen saßen die meisten Straßenkinder in Gefängnissen, um anschließend von den Syndikaten der Kleinkriminellen wieder aufgesaugt zu werden. Das Wunder entpuppte sich als Mogelpackung.

So tief war Albert Njoroge nie abgestürzt. Nach dem Tod der Eltern und dem Intermezzo auf der Straße wohnt er jetzt mit seinem Bruder Robert und dessen Freundin Anne zusammen in einem fensterlosen Loch im Kibagare-Slum. Ein winziger Raum, vielleicht sieben Quadratmeter groß. Der Boden aus Lehm gestampft, kein Strom, kein Wasser. Der einzige Luxus: ein kleines Transistorradio, das mit zwei Drähten an eine alte Autobatterie geklemmt ist. Als Albert mit seinen Plastiktüten nach Hause kommt, kniet Anne auf dem Fußboden und wäscht Hemden in einer Plastikschüssel.

»Es ist ganz wichtig, dass Albert etwas heranschafft«, sagt die vielleicht achtzehnjährige Anne. »Das Geld reicht nie zum Leben, und ich habe keine Arbeit.« Der Einzige, der gelegentlich überhaupt ein paar Schilling nach Hause bringt, ist sein Bruder, erzählt Albert. »Manchmal kann er in Westlands auf einem Parkplatz vor einem Supermarkt Autos waschen.« So kommen für die drei Personen im Monat ungefähr fünfzehn Euro zusammen. Bevor sie mit Robert gegangen ist, hat Anne eine Weile lang abends vor einer Bar in Westlands gebettelt. Dafür musste sie den allgegenwärtigen Wachmännern gefügig sein. Über Alberts Eltern weiß sie nichts Genaues. Die Mutter soll schon vor einer Weile nach Nakuru aufs Land abgehauen sein. Die Schnapsbrennerei hat wohl eine Tante betrieben. Die sei jetzt im Gefängnis, heißt es, sagt Anne.

Albert kann keine Sekunde still sitzen, jede Büroklammer, leere Flasche oder alte Zeitung wird auf ihre Nützlichkeit und einen möglichen Wiederverkaufswert untersucht. Jeder Satz wird mit seiner zappelnden Gestik untermauert. Nachts kann er vor Hunger oft nicht schlafen. »Manchmal bin ich so hungrig, dass ich Angst habe zu sterben. Dann schwitze ich und muss zittern, und in meinem Bauch macht es ganz laut ›dong, dong, dong‹.« Vor lauter Bauchschmerzen kann er sich in der Schule nicht konzentrieren, und wenn er kein Geld für Hefte und Bücher hat, was eher der Normalfall ist, dann schicken ihn die Lehrer einfach wieder nach Hause.

Von der europäischen Frau, bei der er sich samstags immer seine Plastiktüte abholt, bekam er neulich hundertfünfzig Schilling für einen Schulausflug geschenkt. Als Albert das Geld bei seiner Lehrerin abgeliefert hatte, gab die ihm einen Zettel mit einer Nachricht für die weiße Lady mit. Darin hatte sie um ein Treffen gebeten und der Frau dann von den Nachhilfestunden erzählt, die sie Albert schon eine ganze Weile gibt. Kostenlos. Aber jetzt wäre es doch nett, wenn die Gönnerin ihr die Stunden rückwirkend bezahlen würde.

Wunderbabys aus der »Gebärfabrik«

Für viele Kinder und ihre Mütter ist die Geburt der Anfang eines langen Leidenswegs

Winnie Wambui sitzt aufrecht in ihrem Bett. Ein paar Kissen im Rücken verschaffen ihr ein wenig Entspannung. Vorsichtig hält sie das kleine, in eine weiße Decke gehüllte Bündel auf ihrem Arm. Glück und Erschöpfung, Erleichterung und Sorge zugleich stehen ihr ins Gesicht geschrieben. »Ich fühle mich großartig«, sagt Winnie. »Ja, ich bin so glücklich, dass ich einen Jungen bekommen habe. So ein süßes Baby. Um fünf Uhr heute früh ist er geboren, also gerade mal vor vier Stunden.«

Die Dreiundzwanzigjährige liegt seit vier Tagen in der Huduma-Klinik in Kibera, dem größten Slumgebiet der kenianischen Hauptstadt Nairobi. Knapp eine Million Menschen auf engstem Raum, Hütten aus Brettern und Wellblech, kaum Strom oder fließend Wasser, die hygienischen Bedingungen spotten jeder Beschreibung. Wer in Kibera landet, ist wirklich ganz unten. Umso erstaunlicher, dass Winnie Wambui freiwillig den weiten Weg von einem zum anderen Ende der Stadt auf sich genommen hat, um ausgerechnet hier, und nur hier in der Huduma-Klinik ihr erstes Kind zur Welt zu bringen. »Die Entscheidung für Huduma war genau richtig. Ich habe sofort Vertrauen zu der Ärztin gehabt und gewusst, dass ich hier in guten Händen bin.«

Doktor Flora Mbogo heißt die Klinik-Chefin, die jetzt zur Tür hereinkommt. »Wie fühlst du dich?«, fragt die Ärztin und legt Mutter Winnie ihre Hand auf die Schulter. Dann schaut sich Doctor Flora das schlafende Baby mit den schwarzen Locken unter der viel zu großen Zipfelmütze an und lächelt. »Hast du schon versucht, den Kleinen zu Stillen?« Statt einer Antwort kann Winnie gleich den Beweis antreten. Denn wie auf Kommando öffnet ihr Sohn Augen und Mund, um sein dringendstes Bedürfnis lautstark anzumelden.

Die Huduma-Klinik am Ende einer Gasse ist eine Insel der Glückseligkeit in einem Meer des Elends. Hier fällt der bescheidene Flachbau mit den kleinen vergitterten Fenstern schon positiv aus dem Rahmen, weil er aus Stein gemauert ist. »Wir haben die Klinik vor fünf Jahren eröffnet«, erzählt Dr. Flora Mbogo. »Unser Ziel ist es, den Menschen hier einen bezahlbaren Gesundheitsdienst anzubieten.« Auch wenn der Putz bröckelt und sich Schimmel an den Wänden hochzieht, ist die Ärztin stolz auf ihren Betrieb. Labor und Apotheke, ein kleiner OP und fünf Betten. Auf zahlungskräftige Patientinnen wie Winnie Wambui ist die Klinik angewiesen. Denn selbst die fünfundzwanzig Euro für eine Geburt können sich viele Frauen aus Kibera nicht leisten.

Ein paar Kilometer weiter, im Nobelvorort Spring Valley, trocknet Rose Atieno die Hände an ihrer Schürze ab. Die Hausangestellte hat den Abwasch erledigt und kann sich nun eine kurze Pause gönnen. Vier Kinder hat die alleinerziehende Mutter zur Welt gebracht. Die Erinnerungen daran treiben ihr heute noch Tränen in die Augen. »Das dritte Kind war eine Hausgeburt«, erzählt Rose. »Ich war damals gerade zu meiner Mutter geflüchtet, nachdem mein Mann mich misshandelt und vor die Tür gesetzt hat.« Während der Ehemann sich eine Geliebte ins Haus holte, wartete Rose mit den beiden älteren Geschwistern in der Hütte ihrer Mutter am Viktoriasee auf die Geburt. Die nächste Stadt oder ein Krankenhaus waren eine Tagesreise entfernt. »Nach einem Monat kamen plötzlich die Wehen. Die Klinik hätten wir nicht mehr rechtzeitig erreicht«, erinnert sich Rose Atieno. »Also half mir meine Mutter bei der Geburt. Doch das Kind war so schwach, dass es drei Stunden später starb.«

Danach ging Rose nach Nairobi. In der Hauptstadt wollte sie ihren Traum von Glück und Wohlstand verwirklichen und fand den Job als Haushaltshilfe. Für umgerechnet fünfzig Euro im Monat. Schließlich wurde sie wieder schwanger. Neun Monate später, ohne einen einzigen Schilling beiseite gelegt zu haben, ging sie zur Entbindung ins Pumwani Hospital. »Das Pumwani war furchtbar, schlimmer als alles, was ich befürchtet hatte. Während der Geburt haben mich die Schwestern angeschrien, ich solle einfach die Beine breit machen wie für meinen Mann«, flüstert Rose Atieno. »Anschließend fand ich mich mit drei anderen Frauen und unseren vier Babys in einem Bett wieder. Ich habe keinen Arzt gesehen, es gab keine Schmerzmittel, nicht einmal etwas zu essen.«

Das Pumwani verdient eher den Namen »Gebärfabrik« als Krankenhaus. Fünfundzwanzig- bis achtundzwanzigtausend Kinder kommen in der größten Geburtsklinik Ostafrikas jedes Jahr zur Welt. Das sind mehr als siebzig am Tag. Aber mit der ruppigen Fließbandabfertigung war der Horror für Rose Atieno noch nicht beendet: »Im Nachbarzimmer lag eine Frau mit einem gesunden Neugeborenen. Nachdem sie nur für einen Moment das Zimmer verlassen hatte, fand sie danach in ihrem Bett ein fremdes, totes Baby. Die Schwestern aber behaupteten, es sei ihr eigenes Kind. Daraufhin habe ich meinen Sohn genommen und bin geflüchtet.«

Kein Einzelfall, sagt die Rechtsanwältin Milli Odhiambo. Sie leitet die Kinderschutzorganisation »The Cradle« in Nairobi und hat in den letzten Jahren meterweise Akten über mysteriöse Todesfälle und verschwundene Neugeborene gesammelt. »Wir wissen, dass im Pumwani Hospital immer wieder Kinder verschwinden. Man zeigt mehreren Müttern ein und dasselbe tote Baby und bietet sogar an, die Leiche kostenlos zu entsorgen«, erzählt sie. »In ihrem Schock und ihrer Trauer lassen sich die Eltern immer wieder überrumpeln.« Das Pumwani Hospital scheint ein idealer Platz für Menschenhändler zu sein.

Vor drei Jahren ist eine besonders skrupellose Bande in Kenia aufgeflogen. Bei Razzien in Nairobi hatte die Polizei zwanzig Säuglinge und Kleinkinder aus einer Wohnung befreit. Die Spur der Kinderhändler reichte bis nach London, wie der britische Rundfunksender BBC berichtete. Der Mann, der in der Filmdokumentation eine junge Frau beschwört, dass sie ein Mädchen von Jesus Christus empfangen wird, heißt Gilbert Deya. Der selbst ernannte Wunderheiler und Sektenprediger, den seine Anhänger ehrfurchtsvoll »Erzbischof« nennen, sitzt in Schottland in Auslieferungshaft. Seine Ehefrau und ein weiteres Paar sind in Nairobi als Komplizen verurteilt worden.

Eine der angeblichen Leihmütter behauptet im Prozess, sie habe innerhalb von vier Jahren dreizehn »Miracle-Babys« zur Welt gebracht. Im Internet kurbelte der bischöfliche Drahtzieher, ein früherer Maurer, das Geschäft an. »Gott hat uns mit Wunder-Babys gesegnet. Spenden Sie, und auch Sie werden

Ihr Wunder erleben.« Den Schwindel der schnellen Geburt haben schließlich DNA-Tests auffliegen lassen. Obwohl der Skandal um die »Miracle Babies« monatelang das Land bewegte, hat sich nicht viel geändert, sagt die Kinderrechtlerin Milli Odhiambo. In Kenia ein Kind zu bekommen sei nur eine Frage des Geldes. »Ein schwarzes Kind kostet zweihundert Euro, ein hellbraunes fünfhundert, und ein weißes Baby bekommen Sie ab tausend Euro aufwärts.«

Armut, Verzweiflung und Krieg sind die Gründe dafür, dass der Kinderhandel in Afrika blüht. UNICEF vermutet, dass jedes Jahr rund dreihunderttausend Kinder in Schwarzafrika verschleppt und verkauft werden. In den meisten Fällen innerhalb des Kontinents, sagt UNICEF-Sprecher Victor Chinyama in Nairobi. »Die Fälle, bei denen afrikanische Kinder in den Westen geschleust werden, sorgen natürlich für größere Schlagzeilen. Aber wir dürfen nicht vergessen, dass viele Kinder innerhalb eines Landes verkauft werden. Vom Land in die Städte, wo sie dann als Hauspersonal oder Prostituierte ausgebeutet werden.«

Aber auch das Adoptions-Business nach Europa oder in die USA boomt wie nie zuvor. Seitdem Stars wie Madonna oder Angelina Jolie afrikanische Kinder adoptiert haben, erleben Waisenhäuser eine sprunghaft steigende Nachfrage. Die Deutsche Irene Baumgartner leitet seit siebzehn Jahren ein Kinderheim in der Nähe Nairobis und verfolgt die Entwicklung mit Skepsis: »Im Moment kommt es mir vor, als wäre das eine Mode geworden. Aber viele Paare, die voller Freude und Enthusiasmus hierher kommen, sind sich nicht über die langfristigen Folgen im Klaren. Ich gehe sehr, sehr vorsichtig mit solchen Anfragen um.«

Irene Baumgartner ist spät dran an diesem Morgen. Blass und abgespannt sieht sie aus, als sie ihre Kinder im »Nest« begrüßt. Während sie von den Mädchen und Jungen umringt wird, scheinen Erschöpfung und Sorgen aber wie weggeblasen. »The nest« im zentralen Hochland zwischen grünen Hügeln, eine knappe Autostunde vom Stadtzentrum entfernt, ist Zuhause für sechsundachtzig Jungen und Mädchen, erzählt die gebürtige Münchnerin. »Das Heim ist Stückchen für Stückchen auf dem Grundstück entstanden. Anfangs haben wir uns ausschließlich um Kinder von Müttern im Gefängnis gekümmert, von Frauen, die aus Armut kriminell geworden sind.« Dann macht Irene ihre Runde, Verwaltung, Küche, Krankenstation, begrüßt fast jedes Kind persönlich.

Zum Beispiel den siebenjährigen Peter. Er lebt mit zwei Geschwistern im Nest, seitdem die Mutter das vierte Kind kurz nach der Geburt in Gegenwart der Älteren getötet hatte. Oder Jennifer: Arme und Hände sind vernarbt und verstümmelt, weil ihre Mutter sie misshandelt hat. »Sie war sechs Jahre alt und hat fünfeinhalb Kilo gewogen, als sie hierher kam. Nun wird Jennifer zusammen mit ihren Bruder Juma aufgepäppelt. Bleibende Gehirnschäden sind wahrscheinlich.

Den jüngsten Neuzugang wiegt Irene Baumgartner zärtlich auf ihrem Arm. Ein Mädchen, vermutlich etwa acht Wochen alt, das heute zum ersten Mal gelächelt hat: »Ihre Mutter hat sie in einer Latrine ausgesetzt. Das heißt, sie hat sie wirklich in die Grube geworfen. Und die Kleine hatte Glück, wurde rechtzeitig entdeckt und konnte gerettet werden.« Um die Zukunft des hübschen Säuglings macht sich die Heimleiterin keine Sorgen. Die leibliche Mutter hat aus dem Gefängnis heraus einer Adoption zugestimmt, und es wird sicher nicht lange dauern, bis sich ein interessiertes Paar meldet.

Keine Chance, das Nest auf absehbare Zeit zu verlassen, hat jedoch ein Dutzend anderer Kinder: Die berühmten »Miracle Babies«. Auf dem Höhepunkt des Skandals wurden sie von den Behörden bei Irene Baumgartner als »Beweismittel« abgeliefert. »Das Gericht hat entschieden, dass die Kinder im Heim bleiben müssen, dass sie auch nicht besucht werden dürfen. Das heißt, die Kinder verlieren alle Chancen, mal ein Wochenende draußen, bei Freunden zu verbringen.« Die Kinder würden nicht einmal als Menschen angesehen, klagt die Heimleiterin. »Wir kriegen zum Beispiel Briefe vom Gericht, und da heißt es dann ›Subjekt Nummer soundso ist vorzuführen‹.« Fast hundert Elternpaare haben sich gemeldet, weil sie auf Zeitungsfotos ihre verschwundenen Kinder erkannt haben wollten. Doch in keinem Fall stimmte die DNA-Analyse überein.

Die Haushaltshilfe Rose Atieno, die in Spring Valley das Abendessen für ihre Herrschaft vorbereitet, hofft immer noch auf eine besser bezahlte Arbeit und darauf, dass sie in Nairobi ihr Glück findet. Zumindest ihre Kinder sollen es einmal besser haben als sie selbst. Diese Sorgen wird Winnie Wambui, deren Mann Lambert ein Tonstudio in Nairobi gehört, wahrscheinlich nie haben. Liebevoll wiegt sie in der Huduma-Klinik ihren vier Stunden alten Sohn in ihren Armen: »Hallo mein Süßer. Ich werde dir die beste Mutter der Welt sein«, verspricht sie dem Kleinen zärtlich. »Ich werde immer für dich da sein. Und du wird alles bekommen, was du im Leben brauchst.« Als Erstes natürlich einen Namen. Aber den wollen Winnie und Lambert noch nicht verraten.

Mit Zement auf die letzte Reise

Weil Land und Geld knapp werden, befinden sich traditionelle Bestattungsriten im Wandel

Ein trüber Novembermorgen auf dem städtischen Langata-Friedhof in Nairobi. Im strömenden Regen watet eine Trauergesellschaft durch den knöcheltiefen rotbraunen Schlamm des kenianischen Hochlands. Eine feucht-warme Dunstglocke liegt über dem kargen Gräberfeld in den sanften Hügeln zwischen einem Slumviertel und dem idyllischen Nairobi-Nationalpark. Vor dem Friedhofstor klettern etwa fünfzig Frauen und Männer von einem Lastwagen und heben einen Sarg von der offenen Ladefläche. Daneben parkt ein voll besetzter schwarzer Reisebus mit goldener Aufschrift: »Last Journey Funeral Service« – »Bestattungsinstitut Letzte Reise«.

Vor einem offenen Grab betet Baptistenpastor Munegai Mulandi mit dem Mikrofon in der Hand, die Stimme aus einem alten Lautsprecher metallisch verzerrt. Hier haben sich Familie, Freunde und Nachbarn eines siebenundfünfzigjährigen Bankmanagers versammelt, der vor ein paar Tagen in einen Fahrstuhlschacht eines Hochhauses gestürzt und tödlich verunglückt ist. Eine wohlhabende Trauergemeinde nimmt Abschied von dem Verstorbenen, der zur kleinen Mittelschicht der kenianischen Hauptstadt gehört. Während der Sarg ins Grab hinabgelassen wird, sprich der Pfarrer der Familie Trost zu.

Eigentlich ist der Langata-Friedhof keine gute Adresse. Überwiegend werden hier arme Schlucker unter die Erde gebracht, Leute aus Nairobi, die keine Angehörigen mehr auf dem Land haben, aber auch Flüchtlinge und andere Ausländer, erklärt Pastor Mulandi. Die Beerdigung des Bankers, der ursprünglich aus der Hafenstadt Mombasa am Indischen Ozean kommt, sei eher eine Ausnahme. »Die Familie hat sich gegen eine Bestattung in Mombasa entschieden, weil die Bindungen zur alten Heimat sehr lose geworden seien. So etwas kommt nur sehr selten vor«, versichert der Priester.

Der Normalfall spielt sich zur gleichen Zeit nur ein paar Kilometer entfernt in Richtung Innenstadt ab. Vor einem Beerdigungsinstitut neben einem großen Krankenhaus setzt sich gerade ein Konvoi aus Personenwagen und Kleinbussen in Bewegung. Alle Autos sind mit roten Bändern und Schleifen geschmückt, denn Rot ist die Farbe der Trauer in Kenia. Im ersten Wagen liegt Peter Mumanyis Mutter. »Der Sarg wird jetzt nach Hause aufs Land gebracht«, erklärt der junge Mann. »Dort beerdigen wir sie vor ihrem Geburtshaus auf dem Grund und Boden der Familie.« So geschieht es jeden Tag tausendfach in Kenia, so schreibt es der Brauch in fast allen Volksgruppen vor. »Denn nur wenn der Verstorbene in der Heimaterde begraben liegt, lassen die Geister der Ahnen die Toten und die Lebenden in Ruhe«, versichert Peter Mumanyi.

Bestattungsunternehmer Josphat Ngugi, in dessen kleiner Kapelle die Angehörigen der Verstorbenen gerade noch gebetet haben, sieht das ganz anders. Er verriegelt die Flügeltüren zu Kapelle und Kühlhaus und lässt sich kopfschüttelnd auf seinen Schreibtischstuhl fallen. »Wieder so ein Fall von hoffnungsloser Ignoranz«, sagt er. Es sei zum Verzweifeln: »Die Geister der Ahnen, dass ich nicht lache. Früher haben einige Stämme ihre sterbenden Alten aus dem Dorf in die Wildnis geschleppt und den Hyänen zum Fraß vorgeworfen, um sich den Fluch vom Leib zu halten.«

Der Leichenbestatter Josphat Ngugi führt einen leidenschaftlichen Feldzug gegen Aberglauben und Tradition: »Es gibt immer weniger Land in Kenia, denn die Bevölkerung wächst und wächst. Die Shambas, die kleinen Gehöfte der Familien, reichen ja schon jetzt kaum noch für die Landwirtschaft und zur Ernährung der Lebenden. Und in hundert Jahren gibt es wegen der vielen Gräber nicht einmal mehr Platz für ein Haus.«

Überraschende Unterstützung hat Ngugi von prominenter Seite erhalten. Die kenianische Naturschützerin und Friedensnobelpreisträgerin Wangari Maathai hat sich mit einem geradezu revolutionären Vorschlag zur Beerdigungskultur zu Wort gemeldet. Um die rasante Abholzung der Wälder zu bremsen, sollten die Toten in Särgen aus Plastik begraben werden. »Die Leute halten mich vielleicht für verrückt, denn wir haben uns so an Särge aus Holz gewöhnt«, räumt Wangari Maathai ein. »Aber man muss sich einmal vorstellen, wie viele Bäume gefällt werden, nur um dann das Holz zu vergraben und verrotten zu lassen.« Die streitbare Umweltaktivistin hat damit in Kenia eine kontroverse Diskussion ausgelöst. Menschen in Plastiksärgen zu beerdigen, das sei unwürdig und falsch, widersprechen viele. Der Sargschreiner Sammy Lubega betrachtet das Thema von der praktischen Seite: »Das Plastikmaterial will ich sehen, aus dem ich einen Sarg zimmern soll«, winkt er kopfschüttelnd ab.

Allein mehrere Hundert Aids-Tote, die jeden Tag in Kenia bestattet werden müssen, zwingen zum

Umdenken, argumentiert dagegen die Nobelpreisträgerin. Natürlich müsse es ein umweltfreundlicher, biologisch abbaubarer Kunststoff sein. Aber die »Mutter der Bäume« ist offen, auch ganz andere Traditionen im Umgang mit dem Tod zu übernehmen: »Muslime wickeln ihre Verstorbenen in Stoffe ein, bei Hindus ist die Feuerbestattung üblich. Es gibt viele Möglichkeiten. Die Hauptsache ist, wir behandeln unsere Toten mit Würde und Respekt.«

Elija Mugodo ist dagegen ein kompromissloser Verfechter der traditionellen Bestattungsriten. Er kommt aus dem Westen Kenias und gehört dem Volk der Luhya an. In Nairobi arbeitet Elija als Koch. Wenn aber jemand aus seiner Heimat stirbt, dann suchen die Angehörigen Rat und Hilfe bei ihm. Er selbst und seinen Frau werden einst direkt vor dem Eingang seiner Hütte in Kakamega-Distrikt beerdigt, daran besteht für ihn kein Zweifel. Die Söhne bekommen ihren Platz rechts neben dem Vater, die Töchter links neben der Mutter. »Es muss irgendwie passend gemacht werden«, sagt der grauhaarige ältere Herr. »Und selbst wenn es noch so eng wird, unsere Gräber müssen an der richtigen Stelle sein.« Elija Mugodo ist tiefgläubiger Christ, hält aber an den alten Stammesbräuchen fest. »Die Luhya glauben, dass sie von den Toten verfolgt werden, wenn sie nicht auf ihrem eigenen Stück Land ihre letzte Ruhe finden.«

Die alten Bestattungsbräuche treiben im heutigen Kenia viele Familien aber auch in den finanziellen Abgrund. Sobald sich die Todesnachricht über Zeitungsanzeigen und Radiodurchsagen, neuerdings aber vor allem in Windeseile per SMS verbreitet hat, reist die Trauergemeinde aus dem ganzen Land ins Heimatdorf an und muss dort von der Familie beherbergt und verpflegt werden.

»Ich rechne mit ungefähr zweitausend Personen, die zur Beerdigung meiner Mutter kommen«, sagt Peter Mumanyi, »mehr als hundert Leute allein aus Nairobi, unser ganzes Heimatdorf und das Nachbardorf.« Während die Familie verzweifelt Spenden sammelt, demonstrieren die Trauergäste tage- und manchmal wochenlang dramatisch ihre tiefe Anteilnahme und lassen sich durchfüttern. »Die verprassen das Geld, das sie vorher selbst für die Trauerfeier gespendet haben«, ärgert sich Bestatter Josphat Ngugi. »Und die armen Familien sind am Ende völlig ruiniert.« Nachdem die Formalitäten für den Transport erledigt sind, verabschiedet sich Ngugi mit einem langen Händedruck von Peter Mumanyi. Der setzt sich jetzt in den klapprigen Kleinbus an der Spitze des Konvois und macht sich auf die gut vierhundert Kilometer lange Reise. Immerhin hat Peter schon umgerechnet rund tausendfünfhundert Euro gesammelt und hofft, seine Mutter in ein paar Tagen, wenn alle näheren Angehörigen eingetroffen sind, beerdigen zu können.

Ein typisches Beispiel, sagt der Bestatter. Josphat Ngugi hat achtundzwanzig Jahre in der städtischen Leichenhalle gearbeitet, sich dann in Europa und den USA fortgebildet, um sich mit einem eigenen Unternehmen selbständig zu machen. Ngugi will seine Kunden von den westlichen Methoden überzeugen: kurze Trauerzeiten, vorzugsweise Feuerbestattung und die letzte Ruhe auf einem öffentlichen Friedhof. Gut organisiert, würdevoll und dennoch bezahlbar. Wie etwa auf dem Langata-Friedhof in Nairobi.

Dort bietet sich eine atemberaubende gestalterische Vielfalt: einfache Holzkreuze, Fotogalerien, mit Badezimmerkacheln verkleidete Gruften, Gräber mit Gartenzaun und Wellblechdach. Manchmal gleicht die letzte Ruhestätte eher einer Garage oder einem Hundezwinger. »Wenn die Leute nicht mehr zu Hause beerdigt werden, dann versuchen die Angehörigen, hier ein Stück Heimat für die Verstorbenen zu schaffen. Deshalb gestalten die Leute die Grabstätten sehr persönlich«, erklärt Pastor Munegai Mulandi.

Dass aber auffällig viele Gräber mit einer schweren Zementplatte bedeckt sind und der Friedhofsgärtner der Trauergesellschaft oft schon mit einer Schubkarre Mörtel folgt, hat einen anderen Grund, verrät der Pastor: »Das ist eine reine Vorsichtsmaßnahme. Denn die Gräber hier auf dem städtischen Friedhof werden oft geplündert. Die Räuber haben es dabei auf Schmuck, Kleidung und selbst auf die Särge abgesehen.« Grabräuber mischen sich als Spione unter die Trauergesellschaft oder bekommen manchmal sogar Tipps von Mitarbeitern der Leichenhalle. Nachts rücken sie dann mit Schaufel und Spaten an.

Auch das ist Ausdruck von Armut und Umbruch in der kenianischen Gesellschaft: Es gibt einen florierenden Markt für gut erhaltene Särge aus zweiter Hand.

Erwachsenwerden zwischen Lust und Angst

Wenn Jugendliche Liebe, Sex und Partnerschaft entdecken, müssen sie Tabus und Traditionen überwinden

Fünf von sieben Geschwistern musste Alex Odero in den letzten Jahren beerdigen. »Drei meiner Brüder sind tot, zwei Schwestern sind tot«, zählt der Achtzehnjährige auf. »Alle sind an Aids gestorben.« Zwei HIV-positive Schwägerinnen und ein knappes Dutzend Enkelkinder werden von Alex' Mutter versorgt. Die Familie lebt auf einem kleinen Bauernhof in Migori, in der Nähe des Viktoriasees, kurz vor der Grenze zu Tansania.

Es gibt kaum eine Familie, in die sich das Virus nicht eingeschlichen und dort seine tödlichen Spuren hinterlassen hat. In der westkenianischen Nyanza-Provinz sind die Zahlen im Vergleich zum Landesdurchschnitt mehr als doppelt so hoch, erklärt John Odira vom kenianischen Gesundheitsministerium. »Hier in Nyanza liegt die Verbreitung immer noch bei 14,6 Prozent. Das ist vor allem eine Folge der wirtschaftlichen Lage, also der Armut. Aber die Leute hier sind auch sehr konservativ und halten an alten Sitten und Gebräuchen fest. All das führt zu der hohen Zahl an Aids-Infektionen.«

Um den Teufelskreis aus Armut, Ignoranz und Tod zu durchbrechen, setzt John Odira vor allem auf die Jugendlichen der Umgebung. Der Sozialarbeiter bildet in Migori »Peer Educater« aus – junge Leute, die Gleichaltrige aufklären und beraten sollen.

Zwei Dutzend Mädchen und Jungen wollen an dem dreimonatigen Training teilnehmen. Jetzt sitzen sie im Kreis auf der Wiese hinter dem Gesundheitsamt, stellen sich einander vor und berichten von ihren Erfahrungen. Auch Alex Odero ist dabei: »Ich weiß, wie tödlich Aids ist und was das für die Familien bedeutet. Deshalb ist die Ausbildung hier eine gute Sache. Denn als Aids-Berater kann ich unseren Leuten sicher helfen.«

Um mitzuarbeiten, bräuchte natürlich jeder ein eigenes Fahrrad und ein Handy, wünschen sich die Jugendlichen. Ein eigenes Projektbüro mit Computern und Internetanschluss. Gut wäre außerdem eine Musikanlage für Disco-Veranstaltungen. Solche Ideen sollten sie sich ganz schnell abschminken, macht Odira den Jugendlichen klar. Jeder bekommt ein T-Shirt, eine Baseball-Kappe und eine Umhängetasche mit dem Logo des Projekts, und sonst gar nichts. »Damit und mit eurem Wissen könnt ihr in der Gegend zu wichtigen Persönlichkeiten werden. Wer das akzeptiert, kann wiederkommen.«

Auch die siebzehnjährige Quinta Awino will Peer Educator werden. Sie hat gerade die Secondary School abgeschlossen. In der Schule war Quinta eine, zu der die anderen Mädchen mit ihren Problemen gekommen sind. Eine, die zuhören und Ratschläge geben konnte. Aber jetzt sei sie hier, weil es so viele Fragen gibt, auf die sie keine Antworten hat. »Ich will viel mehr lernen. Über Sex, übers Heiraten und Kinderkriegen, über das ganze Leben«, sagt Quinta. »Nur wenn ich selbst mehr weiß, kann ich auch den anderen helfen.« Fast alle haben einen festen Freund oder eine Freundin. Aber über Sex zu reden, Erfahrungen auszutauschen, das ist auch im Kurs wie Stochern im Nebel.

Alex zum Beispiel ist seit drei Monaten mit der siebzehnjährigen Maureen zusammen. »Wir machen alles, was Verliebte so tun«, lacht er verlegen. »Wir küssen uns und spielen aneinander herum. Ach, ich kann es ruhig sagen, wir machen es. Wir haben Sex zusammen.« Obwohl das Aids-Drama sein ständiger Begleiter ist, obwohl der Großteil seiner Familie krank oder tot ist, hat Alex selbst jedoch nie einen HIV-Test gemacht: »Immer wenn ich zum Test gehen wollte, hat mich die Panik gepackt. Ich habe Angst, dass der Test positiv sein könnte. Was wird dann aus mir, und was wird aus meinen Eltern?«

Kondome kennt natürlich jeder. Aber um die Gummis ranken sich aberwitzige Mythen: Kondome seien nicht sicher. Sie könnten reißen, könnten in der Vagina stecken bleiben. Die Beschichtung soll lebensgefährlich sein. Die Kirchen haben sie verflucht. Teilweise erzählen sogar Ärzte den Jugendlichen solche Horrorgeschichten, nur um sie vom Sex abzuhalten. Außerdem gilt unter vielen Jungen und Mädchen ungeschützter Geschlechtsverkehr als Liebesbeweis. »Wir haben bis jetzt dreimal miteinander geschlafen, aber nur beim ersten Mal ein Kondom benutzt«, erzählt Alex. »Meine Freundin hat mich herausgefordert und gefragt, ob ich sie wirklich liebe. Seitdem machen wir es ohne.«

Auch Quinta Awino bestätigt den unterschwelligen Druck. Sie selbst hat aus Angst vor Schwangerschaft und Aids noch nicht mit ihrem Freund geschlafen. Aber viele ihrer Freundinnen sagen, nur mit Sex bliebe eine Beziehung stabil. »Es heißt, wenn du deinen Freund behalten willst, dann musst du Sex mit ihm haben. Aber in meiner Clique haben wir Mädchen uns geschworen, abstinent zu bleiben.« Zustimmung kommt auch von Junis Achieng. Erstens ist ihre ältere Schwester letztes Jahr an Aids gestorben, und zweitens verdient ihr Freund John als Tagelöhner auf einer Tabakplantage nicht genug, um eine Familie ernähren zu können. »Wir sind uns ganz nahe. Wir können reden, uns streicheln und küssen«, sagt die Achtzehnjährige. »Aber wir haben keinen Sex.«

Für diese Achterbahn der Gefühle aus Lust und Angst, aus Verdrängen und Ahnungslosigkeit sind meistens die Eltern verantwortlich. Die Alten wissen es nicht besser, haben es selbst nicht anders erlebt. Erziehung heißt Vermeiden oder Verprügeln. Gehorsam und Respekt sind das Maß aller Dinge, Sprachlosigkeit und Tabus die logische Folge. »Meine Eltern haben keine Ahnung von unserer Beziehung«, sagt Alex. »Aber irgendwann muss ich es ihnen erzählen. Wenn sie Maureen akzeptieren, dann werden wir heiraten. Wenn sie Nein sagen, müssen wir uns trennen.« Auch die Freundschaft von Junis und John ist auf Heimlichkeiten aufgebaut, obwohl sie seit drei Jahren zusammen sind, heiraten und eine Familie gründen wollen: »Wenn ich meinen Eltern erzähle, dass ich einen Freund habe, dann wird mein Zuhause für mich zu einem Gefängnis.«

Sexualität ist in kaum einer anderen Region Kenias so stark in das Alltagsleben eingebettet wie in der Nyanza-Provinz. Dort lebt die Volksgruppe der Luo, die viele uralte Traditionen pflegt. Polygamie ist verbreitet, genauso wie die Witwenvererbung. »Meistens übernimmt ein Bruder des Verstorbenen die Witwe als weitere Ehefrau«, erklärt John Odira vom Gesundheitsamt. »Und wenn der Mann an Aids gestorben ist, dann wird sich das Virus in der Familie natürlich vervielfältigen.«

Sexualität spielt nicht nur im Familienverband

und in der Dorfgemeinschaft eine Rolle, sondern auch im Jahreskreislauf: Sex vor der Aussaat, der Ernte oder dem Fischfang, Sex vor einer Reise, mit Sex um Regen bitten oder Geschlechtsverkehr als Therapie bei der Behandlung eines Kranken. »Geschlechtsverkehr ist eine Art ritueller Reinigung, um bestimmte Dinge positiv zu beeinflussen, um Gefahren abzuwehren und um die Familie zusammenzuhalten«, sagt John Odira. »In der Luo-Kultur ist Sex ein Symbol von Respekt und Ehre. Aber heute ist er vor allem der Grund dafür, warum sich Aids hier auf dem Land so furchtbar verbreitet.«

Von Migori am Viktoriasee bis in die kenianische Hauptstadt Nairobi ist es eine Tagesreise von dreihundertfünfzig Kilometern. Doch von den alten Sitten und Gebräuchen scheint die wachsende städtische Mittelschicht Lichtjahre entfernt. Zum Beispiel Bella Genga oder Robert Koigi. Beide sind zwanzig, in Nairobi geboren, kommen aus »gutem Hause«, und beide studieren an der Universität. Aber auch Bella und Robert haben Mühe mit dem Erwachsenwerden, der Selbständigkeit, mit Liebe, Sex und Partnerschaft.

»Mein Freund ist ein Jahr älter als ich«, erzählt Bella. »Unsere Beziehung ist sehr fest. Wir sind seit fast drei Jahren zusammen.« Kennengelernt haben sich Bella und ihr Freund Lamik in der Kirche. Beide gehören einer protestantischen Erweckungsbewegung an. Die Eltern wissen über ihre Beziehung Bescheid. Allerdings erinnert sich Bella gut daran, wie aufgeregt sie war, als sie Lamiks Mutter vorgestellt wurde: »Aber dann war es ganz einfach. Sie hat mich sofort umarmt. Sie ist eine so warmherzige Frau. Wir haben ein sehr gutes Verhältnis zueinander und können über alles reden.«

Robert hat bisher eine Menge flüchtiger und meistens frustrierender Beziehungen gehabt. »Das liegt vor allem am komplizierten Verhältnis zu meiner Mutter«, meint der angehende Journalist. Sie ist alleinerziehend, und Robert kennt seinen Vater nicht. Doch dieses Thema ist absolut tabu. »Wenn ich nach meinem Vater frage, dann fängt sie sofort an zu weinen und sagt, ich sei respektlos. Dabei bewundere ich meine Mutter und bin ihr so dankbar, dass sie mir die Universität finanziert. Meine Mutter ist mein ganz großes Vorbild.«

Allerdings nicht ohne Nebenwirkungen. Gebetsmühlenartig hat die Lehrerin ihrem Sohn eingebläut, niemals etwas mit Mädchen anzufangen. »Sie glaubt, ich würde die Mädchen genauso sitzen lassen, wie mein Vater sie im Stich gelassen hat.« Robert ist es heute noch peinlich, wenn er an ein Erlebnis mit einer Exfreundin denkt. »Sie ist im Studentenheim zu mir ins Bett gekrochen, wollte mit mir schlafen und ich bin völlig ausgerastet«, erinnert er sich. »Plötzlich sah ich meine Mutter vor mir und hörte sie sagen: ›Was machst du da, habe ich dir das nicht verboten?‹ Es war wie ein Keulenschlag, ich bin aus dem Bett gesprungen und nur noch weggerannt.«

Küssen in der Öffentlichkeit, Händchenhalten? Auf gar keinen Fall, sagt Bella. Aber das liegt eher an ihrem religiösen Hintergrund. Denn im Uni-Viertel von Nairobi sind eng umschlungene Paare heute nichts Ungewöhnliches mehr. Bella weiß natürlich genau, dass die meisten ihrer Kommilitoninnen Sex haben. »Sie machen es einfach, so wie andere sich zur Begrüßung auf die Wangen küssen. Hauptsache der Mann zahlt die Verhütungsmittel.« Geld spielt im Alltag in Nairobi eine übermächtige Rolle, sagt Bella. »Wenn du ein Mädchen haben willst, dann brauchst du Geld. Sonst kommt ein alter Knacker und nimmt sie dir weg. Und auch die Mädchen wollen es allen zeigen. ›Seht her, das ist mein Freund, und er kann mir alles kaufen.‹«

Bella bekommt von ihren Eltern fünftausend Schilling Taschengeld im Monat, umgerechnet etwa fünfzig Euro. Das ist mehr als eine Familie am Viktoriasee verdienen kann. Mit ein paar Freundinnen spekuliert sie außerdem an der Börse. Andere Mädchen machen ein paar Schilling nebenbei als Gelegenheitsprostituierte. »Es gibt Studentinnen, die gehen auf den Straßenstrich, schaffen in Bars an oder strippen in Nachtclubs. Manche haben einen Sugar Daddy, also einen älteren Liebhaber. Es dreht sich alles nur um Geld. Hauptsache Geld, egal wo es herkommt.«

Für Jungen und Männer hat Sex eine noch größere Bedeutung. Der Mann muss – im Studentenheim oder bei der Arbeit – mit seinen Eroberungen prahlen. »Wenn du nichts zu erzählen hast, wenn du keinen Sex hast, dann bist du ein Niemand«, sagt Robert. »Du musst immer eine gute Geschichte auf Lager haben. Erzähl alles über dein letztes Treffen mit einem Mädchen. Erzähl, was für ein toller Hecht du bist, und beschreib alles bis ins letzte Detail.«

Die Jungen müssen Machos und Draufgänger sein, die jedes Mädchen um den Finger wickeln. Von den Mädchen wird erwartet, dass sie ihren Freund bewundern, dass sie allzeit bereit und dennoch treu sind. Von einer afrikanischen Frau wird Anstand und Moral erwartet. Sie muss hart arbeiten können, sie muss sich aufheben für den Mann, der sie heiraten will. Das ist auf dem Land genauso wie in der Stadt. »Natürlich ist das verlogen und doppelbödig«, sagt Robert. »Aber so sind wir.« Ob zwischen den grünen Hügeln von Migori oder den Hochhausschluchten von Nairobi – die Kenianer führen ein Doppelleben.

Das Fell der toten Kuh

Hunger ist nicht nur eine Folge von chronischer Dürre und Nahrungsmittelknappheit

Wie eine Nebelwand wabern die Staubwolken meterhoch über der steinharten Erde. Geier ziehen am Himmel ihre Kreise. Verwesungsgeruch durchdringt beißend die gespenstische Szene. Mehrere Tausend ausgemergelte Rinder schleppen sich an die sumpfige Wasserstelle. Überall, im Schilf und selbst in der trüben Brühe, liegen Tierkadaver. Pfeifend und schreiend treiben Maasai-Hirten ihre Herden an. Ernste Gesichter, knappe Gesten.

Die Quellen des Makindu-Flusses im Südosten Kenias sind die letzte Hoffnung für die Nomaden. Wie die meisten Maasai kommt auch Tagip Leronde aus dem zweihundert Kilometer entfernten Kajiado-Distrikt. »Wir haben uns mit achtzig Kühen hierher auf den Weg gemacht«, berichtet er. »Acht Tage sind wir gelaufen, und unterwegs sind uns zwanzig Tiere verreckt.« In Kajiado wächst kein Gras mehr, die Wasserlöcher sind vertrocknet, die Tiere haben nichts mehr zu fressen und zu saufen. »Den Leuten zu Hause, unseren Familien geht es nicht besser«, sagt Wilson Saitaga. »Sie sind genauso abgemagert und unterernährt wie die Tiere.«

Jeden Tag verenden rund fünfzig Kühe im Quellgebiet. »Manche liegen tagelang im Wasser«, klagt David Nzoma, der Gesundheitsaufseher des Makueni-Distrikts. In einer Pumpstation untersucht er die Wasserqualität. Denn dieselbe Quelle versorgt mehr als hunderttausend ansässige Ackerbauern. »Das Wasser ist verseucht. Aber das, was wir von hier aus in die Leitung pumpen, haben wir mit Chlor behandelt«, versichert Nzoma. Der Beamte schwenkt wie zum Beweis ein Reagenzglas mit einer violett gefärbten Probe.

Die Bauern, die weiter unten ihr Wasser direkt und unbehandelt aus dem Fluss schöpfen, drohen inzwischen jedoch mit Gewalt. Wenn die Behörden nichts unternehmen und die Fremden nicht verschwinden, dann wollen die Bauern den Hirten mit Gewehren auf den Leib rücken. Die Leute vom Kamba-Volk sind wütend, nutzen aber auch die Gelegenheit für kleine Geschäfte. Einige haben provisorische Verkaufsstände aufgebaut und bieten den Maasai Limonaden und Toastbrot mit Margarine zu stolzen Preisen an.

Nur ein paar Kilometer weiter rasen klimatisierte Touristenbusse über den transafrikanischen Highway. Der Makueni-Distrikt liegt auf halber Strecke zwischen dem Urlaubsparadies Mombasa am Indischen Ozean und der Hauptstadt Nairobi. Im Südwesten liegt der Amboseli-, weiter nördlich der Tsavo-Nationalpark. An klaren Tagen ist der schneebedeckte Gipfel des Kilimanjaro zu erkennen. Das Elend auf den Weiden und Äckern rechts und links der Autobahn bleibt den Touristen verborgen.

In dem Dorf Kiwanzani hockt Priscilla King'oo in ihrer winzigen Lehmhütte und bereitet das Essen für die Familie vor. Die Kochstelle besteht aus drei Steinen, unter dem verrußten Kochtopf glimmt ein schwaches Feuer. Es ist ein Glückstag für die King'oos. Denn Muendo, der zweitälteste Sohn, hat irgendwo einen Beutel Bohnen aufgetrieben. Die köcheln jetzt über der Glut. Die erste Mahlzeit nach drei Tagen für die Witwe und ihre sechs Kinder.

»Seitdem mein Mann 2002 gestorben ist, bin ich ganz allein für die Familie verantwortlich«, sagt die zierliche Neununddreißigjährige. »Seitdem leben wir praktisch ohne Geld von der Hand in den Mund.« Damit nicht genug. Vor ein paar Jahren haben die Ärzte bei Priscilla grünen Star festgestellt, inzwischen ist sie völlig erblindet. Wie schwach und unterernährt die Kinder sind, muss sie nicht sehen, sie hört und fühlt es Tag für Tag. »Wir haben oft tagelang nichts zu essen. Zur Schule gehen die Kinder auch nicht. Denn wir haben kein Geld für Hefte oder ordentliche Kleidung.«

Die Nachbarin, Monica Sakaio, steht ratlos vor ihrer Hütte, in der Hand einen kleinen, schlaffen Jutesack. »Sehen Sie, der Beutel ist leer. Heute wird es nicht einmal eine dünne Getreidesuppe geben.« Sie greift hinein, dreht das Säckchen auf links, aber nur an ihren Fingern klebt ein wenig Mehlstaub. »Die Saat auf unserem Acker ist vertrocknet, sodass wir wahrscheinlich auch die nächste Ernte abschreiben können«, sagt die Mutter von dreizehn Kindern. »Die Vorräte sind aufgebraucht, genauso wie die Ersparnisse.«

Nur ein paar gelbe Halme stehen geknickt auf dem Feld. So wie den King'oos und den Sakaios geht es unzähligen Familien im Osten und Norden Kenias. Dort, wo die letzte Regenzeit ausgefallen ist, gibt es höchstens noch eine Mahlzeit am Tag, und die Lage spitzt sich weiter zu.

Normalerweise müsste es in Kenia zweimal im Jahr lange und ausgiebig regnen: von März bis Mai sowie im November und Dezember. Schwere Dürreperioden hat es immer mal gegeben, aber in Folge des Klimawandels können sich die Bauern kaum noch auf das Wetter und den Jahreskreislauf von Aussaat und Ernte verlassen.

Nachdem die beiden letzten Regenzeiten in Teilen des Landes komplett ausgeblieben waren, reagierte die Regierung und erklärte den drohenden Hunger zur nationalen Katastrophe. In einem dramatischen Appell forderte Präsident Mwai Kibaki dreihundert Millionen Euro Nothilfe von der Internationalen Gemeinschaft, um die Ernährung von zehn Millionen Menschen zu sichern. Über die tatsächliche Zahl der Notleidenden streiten sich die Experten, aber so viel gilt als sicher: Die Krise ist selbst verschuldet.

»Das ist ein politisches Problem«, sagt der kenianische Wirtschaftsexperte James Shikwati. »Das hat nichts mit Dürre zu tun, und es gibt auch keinen echten Engpass.« Tatsächlich hat ein Kartell aus dubiosen Geschäftsleuten und hochrangigen Politikern, darunter vermutlich auch der Landwirtschaftsminister, staatliche Getreidereserven abgezweigt, künstlich zurückgehalten und danach zu Wucherpreisen in den Handel gebracht. »Aber nicht nur das«, ergänzt Ndwati Kariuki, der Vorsitzende des kenianischen Bauernverbands. »Da gibt es Leute, die haben die kenianischen Hunger-Reserven mit riesigen Profiten ins Ausland verkauft.«

Offensichtlich wurden vierzigtausend Tonnen Mais – das Hauptnahrungsmittel der Kenianer – illegal in den Südsudan exportiert und ausgerechnet an Hilfsorganisationen verschachert. Und nun sollten die Geberländer Präsident Kibaki und seiner korrupten Regierung beistehen und die Zeche bezahlen. James Shikwati fordert die Internationale Gemeinschaft auf, hart zu bleiben: »Ich weiß, das klingt so, als würde ich dazu auffordern, die Leute sterben zu lassen. Aber die Wahrheit ist, wer hier hungert, der muss die korrupte Führung zur Rechenschaft ziehen, und ich glaube, die Leute sind dazu in der Lage.«

Die Ignoranz und Dreistigkeit der Politiker geht auch vielen Nothelfern zu weit. »Der Klimawandel, zu wenig Regen und chronischer Wassermangel, das ist das eine«, sagt Elijah Muli, Landwirtschaftsingenieur bei der Deutschen Welthungerhilfe im Makueni-Distrikt. »Aber auf der anderen Seite hat der Staat versagt. Denn solche Notlagen treten regelmäßig auf und sind vorhersehbar.« Selbst in Kiwanzani und den umliegenden Dörfern ist reichlich Mais vorhanden. Läden und staatliche Lagerhäuser sind gefüllt. Da sich aber die Preise verdreifacht haben, müssen die Leute hungern.

»Die Regierung kümmert sich einen Dreck ums eigene Volk«, schimpft Elijah Muli. »In mehr als vierzig Jahren Unabhängigkeit war sie nicht in der Lage, ein Konzept für eine nachhaltige Ernährungs- und Landwirtschaftspolitik zu entwickeln.« Vor einigen Jahren verrotteten Überschüsse aus einer Rekordernte im Westen Kenias, während im Norden Menschen verhungerten. Die Regierung sah sich nicht in der Lage, das Getreide aufzukaufen und in die Notstandsgebiete zu transportieren. Später tauchten Nahrungsmittelspenden aus den USA auf lokalen Märkten auf. Örtliche Regierungsbeamte hatten die als Hilfsgüter beschrifteten Maissäcke unterschlagen und verkauft.

Die Deutsche Welthungerhilfe kümmert sich im Makueni-Bezirk um die Trinkwasserversorgung, erklärt Agraringenieur Muli. »Früher mussten die Menschen bis zu zwanzig Kilometer laufen, aber heute hat jeder Haushalt eine Wasserstelle im Umkreis von höchstens zwei Kilometern.« Gemeinsam mit den Bewohnern der Dörfer wurden Brunnen gebohrt, Leitungen verlegt und Speichertanks gebaut, in denen Regenwasser aus Felsmassiven aufgefangen werden kann. Dreihundertfünfzigtausend Menschen profitieren inzwischen davon.

Auch Priscilla King'oo und ihre Kinder. Der vierzehnjährige Munendo kommt gerade mit einem Fahrrad und vier leeren Plastikkanistern vorgefahren. Mit einem Nachbarn hat er einen Deal gemacht. »Fahrrad und Kanister sind geliehen, ich besorge das Wasser für beide Familien und darf zwanzig Liter behalten.« Zwanzig Liter pro Tag, das muss für sieben Personen reichen. Weil sie aber nicht einmal dafür das Geld hat, muss die blinde Frau ihre Ration abarbeiten. Priscilla leistet Gemeinschaftsdienst am Brunnen.

Auf der anderen Seite des transafrikanischen Highways haben Tagip Leronde und seine Brüder unterdessen eine tote Kuh aus dem Wasser gezogen und ihr mit Buschmessern das Fell abgezogen. »Das ist alles, was uns bleibt«, sagt der Maasai. »Da hinten ist einer, der gibt uns für das Fell zwanzig Schilling pro Kilo.« Tatsächlich steht ein paar Hundert Meter weiter ein Mann unter einem Akazienbaum. An einem Aststumpf hängt eine Federwaage, daran baumelt ein bluttriefender Plastiksack. »Ich kaufe pro Tag zwanzig bis dreißig Felle, sagt Amos Kariuki. »Die werden gesalzen und gehen dann nach Nairobi in die Lederfabrik. Die Geschäfte laufen nicht schlecht.«

Auf rund siebzehn Kilogramm bringt es das Fell einer ausgewachsenen Kuh. Das macht knapp vier Euro. Für eine abgemagerte, aber noch lebende Kuh könnten die Maasai heute gerade noch das Doppelte bekommen. Vor zwei Monaten, vor der absehbaren Dürre, lag der Marktpreis für eine Kuh bei mindestens hundertzwanzig Euro. Aber ein Maasai verkauft sein Vieh nicht, sagt Tagip Leronde: »Die Rinder sind unser ganzer Lebensinhalt. Ohne seine Kühe ist ein Maasai nichts wert.«

Einmal Nairobi und retour

Der gelähmte Bettler Jackson Kazi kehrt nach vierunddreißig Jahren als Müller in sein Heimatdorf zurück

»Eh ndugu, habari yako?« – Alter Freund, wie geht es dir. Was macht die Familie, deine Frau und dein Sohn? »Eh eh, brother, long time!« Eine halbe Ewigkeit ist es her, dass wir uns gesehen haben. Zwölf Jahre. Jetzt sitzen wir auf dem Mittelstreifen des Wayaki Way. Jackson will meine Hände gar nicht mehr loslassen. Wir unterhalten uns in einem Kauderwelsch aus Englisch und Kiswahili. Jackson erinnert sich an alles. An Namen, Daten, Begegnungen.

Der Lärm der sechsspurigen Stadtautobahn und die gaffenden Passanten verhindern, dass mich die Rührung überwältigt. Wie ist es ihm ergangen, all die Jahre? Es geht ihm gut, sagt Jackson. »Nzuri kabisa!« Alles bestens.

Die schmale Verkehrsinsel ist seit ein paar Jahren sein neuer »Arbeitsplatz«. Wenn sich vor der Ampel ein Rückstau bildet, wird manchmal das Seitenfenster eines Autos heruntergekurbelt. Dann streckt er sich zur Fahrbahn hinüber und kassiert ein paar Münzen. Noch eins ist neu. Jackson sitzt in einem chromblitzenden Rollstuhl. »Großer Mist«, sagt er. »In dem Ding bin ich nicht so beweglich, ich komme ohne Hilfe nicht einmal die Bordsteinkante hoch. Und finde ich mal einen Autofahrer, der bereit ist, mich abends nach Hause zu fahren, dann passt der Rollstuhl nicht in den Kofferraum.« Jackson Kazi ist einer von rund zweihundertfünfzigtausend Bettlern in Nairobi.

Als wir uns 1983 zum ersten Mal begegneten, saß Jackson auf einer Holzkiste vor einem Gemüseladen. Der Oberkörper wie ein Kleiderschrank, ein Händedruck wie ein Schraubstock – wären da nicht diese Beine gewesen. Streichholzdünn schlotterten und zuckten sie wie Fremdkörper, wenn Jackson auf allen Vieren durch die Gegend robbte. Plastiklatschen an den Händen, Ledermanschetten an Riemchen um die Knie geschnallt. Den Rollstuhl bekam er Jahre später von einem »Wohltäter«, nachdem Jackson sich vor einem Auto in Sicherheit bringen musste und sich bei dem Sturz in den Straßengraben eine Kniescheibe zerschmetterte.

Als Junge hat er in Majengo, seinem Heimatdorf im Westkenia, noch Fußball gespielt. Dann machten sich die ersten Lähmungserscheinungen bemerkbar, es wurde schlimmer, und mit dreizehn, so alt wie sein Sohn heute ist, konnte er nicht mehr laufen. »Polio«, sagt Jackson und lacht. »Im Krankenhaus bin ich nie gewesen, für die Schule war kein Geld da, und auch auf dem kleinen Gehöft der Familie konnte ich mich als Krüppel nicht nützlich machen.« Also setzte er sich drei Jahre später in einen Bus nach Nairobi, um seinen Vater zu suchen, der dort einen Job als Koch hatte. »Aber auch er konnte nichts mit mir anfangen.«

Ein Vierteljahrhundert ist es her, seit Jackson Kazi in der Hauptstadt landete. Als wir uns auf dem Mittelstreifen des Wayaki Way wiedersehen, feiert er eine Art »silbernes Bettler-Jubiläum«. Der indische Ladenbesitzer, der ihn abends immer mit Gemüseresten versorgt hatte, starb eines Tages, seine Frau musste den Laden aufgeben und Jackson seinen Platz vor dem Schaufenster räumen, und so landete er auf der Straße.

In den folgenden Jahren haben wir uns häufiger gesehen. Weil sein Rollstuhl gut in den Kofferraum meines Wagens passte, war ich gelegentlich auch zu Gast in dem fensterlosen Zimmer einer Holzbaracke in Kangemi, wo er mit seiner Frau Queen Zindori und seinen Kindern Mike und Sheila für zehn Euro im Monat wohnte. Ohne Strom und Wasser, ein Plumpsklo für rund hundert Personen hinter der Baracke.

Wenn wir uns eine Weile nicht begegneten, konnte ich sicher sein, dass sich Jackson irgendwann von seinem Handy aus melden wird: »Nzuri kabisa!« Alles bestens. So fröhlich kann ein Hilferuf klingen. »Ohne Handy würde es mir wirklich schlecht gehen. Das Ding ersetzt mir die Beine«, sagt er. »Ich kann meine Freunde anrufen, dann kommen sie vorbei und besuchen mich hier auf der Straße.«

Eines Tages kramt Jackson ein verschwitztes Faltblatt aus der Hosentasche und hält es mir unter die Nase. Ein Werbeprospekt eines Landmaschinenhändlers. Das sei eine »Posho-Mill«, eine Getreidemühle, erklärt Jackson und zeigt auf eines der Fotos. »Ich habe mit dem Händler gesprochen. Er würde sie mir für hundertzwanzigtausend Schilling überlassen.« Pause. »Ich habe auch schon fast dreißigtausend gespart.« Schweigen. Der Schilling steht im Verhältnis zum Euro hundert zu eins. Eine stolze Summe.

Jackson erzählt, dass er schon lange davon träumt, wieder nach Hause zu gehen, nach Majengo. Mit einer Posho-Mühle in einer Hütte auf seinem kleinen Grundstück könnte er sich selbständig machen und die Familie ernähren. Raus aus Nairobi, weg vom

Mittelstreifen. Zurück aufs Land, gutes Essen, eine ordentliche Schule für die Kinder. Und so weiter. Ich werde darüber nachdenken, sage ich Jackson etwas reserviert. »Nzuri kabisa, my brother«, antwortet er.

Zeit vergeht. Die Mühle hat sich irgendwie zwischen uns gestellt. Nach monatelanger »Funkstille« treffen wir uns wieder. Queen Zindori ist im August gestorben, erzählt Jackson und zeigt Fotos von der Trauerfeier: Jackson im Rollstuhl an der Spitze der Prozession, das Grab neben dem Haus in Majengo, blauer Himmel, Sonnenschein, viel Grün. »Es war eine sehr große und schöne Beerdigung. Das ganze Dorf ist zusammengekommen«, erzählt Jackson stolz. Und was machen die Mühlen-Pläne? »Na ja, die Ersparnisse sind für die Beerdigung draufgegangen.«

Eines Morgens, wieder sind Monate vergangen, meldet sich Jackson. Ob ich in den nächsten Tagen mal in der Gegend sei, er stecke in Schwierigkeiten. Am Nachmittag hocken wir zusammen. Die City Council-Askaris, die Ordnungshüter der Stadtverwaltung, wollen ihn vom Mittelstreifen vertreiben. In den nächsten Wochen sollen alle Bettler aus dem Stadtbild verbannt werden. Ihm haben sie – gegen ein bisschen Schmiergeld – eine Schonfrist bis zum Jahresende eingeräumt. Die Kinder will er ab Neujahr in Majengo zur Schule schicken. Und er? »Keine Ahnung«, sagt Jackson. »Wird schon werden.«

Das Faltblatt ist kaum noch zu entziffern. Mister Patel, der indische Landmaschinenhändler, ist zwischen Weihnachten und Neujahr nicht zu erreichen. Betriebsferien bis zum ersten Januarwochenende, erklärt sein Sohn. Aber in der Niederlassung in Kisumu am Viktoriasee – praktisch um die Ecke – sei noch eine Getreidemühle auf Lager. Anlieferung und Montage sofort, überhaupt kein Problem.

Am Morgen des 5. Januars 2009 stehen Jackson, Mike und die achtjährige Sheila mit ihrem gesamten Haushalt am Straßenrand. Drei Pappkartons, zwei Reisetaschen, Aluminium-Kochtöpfe, Wasserkanister, drei Holzschemel und der Rollstuhl sind schnell im Landcruiser verstaut. Nach vierunddreißig Jahren kehrt Jackson Kazi heim. Aus der Fünf-Millionen Metropole Nairobi zurück in seinen Geburtsort Majengo. Der Bettler auf dem Weg zum Müller.

Es dauert dann doch noch drei Wochen, bis der Betonsockel ausgehärtet und das grüne Ungetüm fest darauf verschraubt ist: Eine nagelneue Getreidemühle Marke Fieldmarshal, indisches Fabrikat, Ein-Zylinder-Diesel, zehn PS. Zwei Leute müssen den Rollstuhl festhalten, als Jackson mit der Handkurbel den Motor anwirft. Die Mühle spuckt den ersten Sack Maismehl aus. Verwandte und Nachbarn sind zusammengekommen, der Dorfpfarrer spricht ein Gebet, ein Huhn wird geschlachtet. Mit Tee und lauwarmer Cola stoßen wir an. »Thank you, my brother«, sagt er. Im Alter von fünfzig Jahren ist Jackson Kazi angekommen. Unternehmer und Familienoberhaupt.

Immer wieder mal kommt ein Anruf aus Majengo. Dann hält Jackson sein Handy vom Ohr weg und ich höre nur den Dieselmotor der Mühle. Ein satter, runder Klang.

Nzuri kabisa!

Nachsatz

Die Mehrzahl der Reportagen in diesem Buch sind als Hörfunkbeiträge bei verschiedenen Sendern der ARD und dem Deutschlandfunk ausgestrahlt worden. Alle Texte wurden für diesen Band überarbeitet und aktualisiert. Für die tolle Zusammenarbeit und das Interesse an Afrika, für Anregungen und Kritik danke ich den Kolleginnen und Kollegen in den Funkhäusern von Hamburg bis München, von Saarbrücken über Berlin bis Halle, und nicht zuletzt den Redaktionen beim Westdeutschen Rundfunk in Köln. Besonders bedanken möchte ich mich bei meinem großartigen Team im Studio Nairobi, Karin Taylor, Marc Engelhardt und vor allem meinem kenianischen Kollegen Fanuel Adoli. Ein großes Asante Sana (Danke sehr) an meine kenianischen Freunde und Bekannten, allen, die mich mit ihrer Gastfreundschaft, ihrer Herzlichkeit und ihren spannenden Lebensgeschichten inspiriert und meine Arbeit möglich gemacht haben. Nicht zuletzt bin ich meiner Frau Bettina, meinem Sohn Joss und meiner Tochter Hanna dankbar, nicht nur weil sie den Sprung nach Afrika mitgemacht haben, sondern auch dafür, dass sie mir mit ihrem kenianischen Alltag Ideen und Stoff für manche Reportage geliefert haben.